Balance ta CAPE

Anne-Sophie Lesage
et Fanny Lesage

Balance ta CAPE

Illustrations de Léna Piroux

JOURNAL
D'UNE HÉROÏNE DU QUOTIDIEN QUI NE VEUT PLUS COURIR (APRÈS SA VIE)

SOLAR
EDITIONS

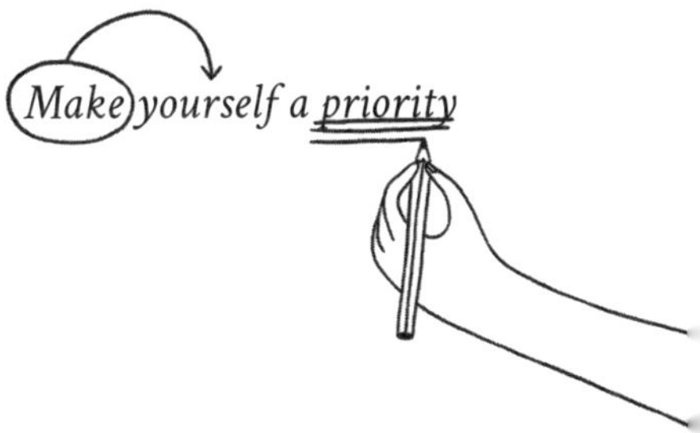
Make yourself a priority

MA PHILOSOPHIE

Je fais comme je peux, et c'est déjà ÉNORME !

Mon pire cauchemar : ma to-do list.

Mon passe-temps : la culpabilité, que je pratique du matin au soir et du soir au matin, avec plus d'assiduité que ma séance d'abdos.

Ma pire ennemie ? Wonder Woman, cette femme parfaite qui jongle entre vie pro et vie perso sans transpirer d'une goutte.

CE JOURNAL APPARTIENT À :

......ALICE.....

FAMILY FIRST

La plus belle chose qui me soit arrivée : les enfants.

La chose qui a balayé mon équilibre : les enfants.

(Celles qui savent, savent...)

ME, MYSELF AND I...

... portée disparue !

Je crois que je me suis oubliée en chemin, entre le cours de judo des filles, une réunion de boulot et le poulet rôti du dimanche chez belle-maman.

WORKING GIRL

Je ne dirais pas que je suis ambitieuse, j'ai juste l'exigence, et la folie peut-être, de vouloir m'éclater dans ce que je fais et de ne pas vivre dans l'attente du vendredi !

BUT FIRST, COFFEE

- **« Jeune » femme dynamique** d'âge médian, entre la trentaine et la quarantaine
- **Mère… veilleuse** de deux jumelles téméraires, Clémence et Laure, 4 ans et demi
- **Compagne d'Antoine**, Charles Ingalls 3.0

MADAME + MONSIEUR

Nous tâchons de rester soudés même dans l'adversité*.

***Adversité (nom, féminin) :** obstacle qui fait irruption dans la vie sans prévenir, par exemple un cri d'enfant à 3 h 32 de la nuit.

18 AOÛT

J'AI LE SEUM

Il y a quelques jours, alors que nous faisions des courses estivales au supermarché de Cabourg avec les filles, j'ai été prise d'une peur panique. On flânait au rayon boucherie, devant les chipo, et mon regard, en général attiré par les promos sur le rosé, a été happé par autre chose : la banderole « c'est la rentrée » qui flottait au-dessus d'un immense stand dressé à l'entrée. Un 15 août !

La seule vision de ces mots m'a tétanisée. Foudroyée. Je ne pouvais plus bouger. J'ai ressenti une sueur froide courir le long de ma colonne vertébrale.

La simple idée que c'était reparti, que la parenthèse s'achevait, m'a figée. Il allait falloir retourner à « la vie, la vraie » (pourtant nous n'étions pas chez Auchan), j'entends par là ce quotidien, MON quotidien, qui ressemble un peu trop à mon goût à celui de Wonder Woman, les strass, les paillettes et la reconnaissance en moins.

Il y a quatre ans, j'ai donné naissance à deux boules d'amour, mes jumelles adorées, Clémence et Laure, qui sont aussi des boulets de canon qui ont mis mon équilibre à mal, et le peu de certitudes que j'avais dans ma vie, en miettes. Ma perception globale de l'existence en a été bousculée, à jamais changée (comme pas mal d'autres choses). Mon quotidien, je ne t'en parle même pas...

Si je ne combats pas de méchants, je m'attaque néanmoins à un tout autre fléau : le temps qui file entre mes doigts. Parce que je cours. Du matin au soir, du soir au matin. De la chambre à la cuisine (en trébuchant sur un ou deux Kapla), de l'école de mes jumelles au bureau, puis du bureau à la maison. Je cours pour rejoindre notre chez-nous à une heure décente, qui m'évitera de culpabiliser sur le fait que je suis une mauvaise mère car je n'aurais vu mes filles qu'un temps limité aujourd'hui. J'ai cette image de moi (qui ne doit pas être bien loin de la réalité) qui porte constamment 15 kilos sur elle, au sens propre comme au figuré. Ma vie se résume à des Post-it. Un amoncellement de to-do lists. Des listes pour le boulot, pour les filles, pour la maison, des to-do lists de to-do lists. Quand je vois enfin le bout de l'une d'elles, je sais que d'autres, tout aussi coriaces, se substitueront à elle. Elles auront ma peau...

J'étais donc loin de me réjouir à l'idée de replonger dans ce rythme infernal d'un quotidien qui me grignote jour après jour, un quotidien dans lequel j'essaye de ne pas me noyer, moi qui arbore fièrement un brevet de 1 000 mètres en mer obtenu dans des eaux normandes à 16° C à l'âge de 15 ans (je devais le placer...). Toutes mes prises de tête de l'an passé me sont revenues en rafale, suite de violents coups de boomerang ! Comment allais-je tenir cette course de fond ? Dans ma tête, je commençais à voir défiler un planning, un peu en mode Tetris, où je devais faire rentrer les activités de tout le monde sur une semaine. Je pensais à la liste des pièces à fournir pour la rentrée, pour les inscriptions à l'école, au centre de loisirs et au judo, je pensais aux tenues à acheter, aux trousses... Et c'était sans compter mes interrogations de fond : mes filles seront-elles dans la bonne classe ? Et si leur maîtresse se révélait méchante ? Si on les stigmatisait ? Si elles étaient considérées comme des bêtes de foire ? Bref, ma propension à l'anticipation de soucis allait bon train.

À ce moment-là, je me suis sérieusement demandé si je n'allais pas tout plaquer ! On pourrait rester vivre ici. Tous les quatre. J'écoulerais mon dressing sur Le Bon Coin, cela nous assurerait bien une année tranquille ! La vie n'y serait probablement pas parfaite, mais elle serait différente, et nos soucis quotidiens, autres.

C'est ça, je crois que j'avais envie d'ailleurs…

Une voix (ou plutôt deux cris) m'a alors ramenée à la raison : « Mamannnn, tu nous achètes du Smarti ! » (je leur ai expliqué en vain qu'il y avait plusieurs Smarties par paquet…).

Je ne pouvais pas leur faire ça. Je passai outre leurs hurlements et tentai de faire retomber rapidement la pression. En me dirigeant vers le rayon des surgelés, je tâchais de reprendre mon souffle. De ne pas céder à la panique. De faire face à mes ruminations excessives. Je savais que j'étais maîtresse de ma destinée et de mon bien-être. Il ne tenait qu'à moi, plutôt que de me poser en victime, de réfléchir aux moyens d'alléger mon quotidien, de me simplifier la vie !

Cela faisait quatre ans que je survivais. Que je ne vivais que pour elles. Et j'aimais ça. Pourtant, il était temps pour moi de me poser et de trouver une solution pour éviter le « marche ou crève » ! C'était en tout cas ma résolution pour cette rentrée ! J'étais bien décidée à trouver ce fucking équilibre !

28 AOÛT

HOME SWEET HOME, OU PRESQUE

Nous y revoilà ! À peine le pas de la porte de l'immeuble passé, j'ai enclenché le mode automatique. J'ai revêtu mon costume de GO (grincheuse organisatrice), ou plutôt de chef de clan, et commencé à donner des directives à chacun tout en jetant un regard furtif et fuyant à notre boîte aux lettres, qui dégoulinait littéralement après nos trois semaines d'absence. Elle me provoquait ! Alors qu'Antoine, mon mari, allait se jeter dessus pour la désengorger, je lui ai attrapé le bras in extremis et l'ai supplié de nous laisser vingt-quatre heures de sursis. Je ne pouvais pas replonger aussi vite dans notre quotidien (les factures, les formalités pour l'école, les nouveautés Picard que nous allions consommer tout l'automne...). En homme clairvoyant (et un peu effrayé par la pression que j'exerçais sur son bras), il m'écouta.

Comme pour un pèlerinage, nous avons grimpé solennellement les trois étages jusqu'à notre appartement de charme parisien. On ne pouvait plus reculer. Il fallait faire face. Comme à chaque fois que nous revenions de vacances au grand air, je trouvai notre appartement ridiculement petit ! Pendant les vacances, j'avais repris l'habitude de pouvoir voir au loin, de retrouver cette notion d'espace et de grandeur. Heureusement, les filles étaient surexcitées à l'idée de retrouver leur chambre et leurs jouets. Cela me réchauffait le cœur de les voir heureuses. Je décidai de me reprendre, de me mettre un bon coup de pied au popotin ! Après tout, c'était à nous, Antoine et moi, de montrer l'exemple. Quelle image donnions-nous à nos puces si ce n'est celle de deux parents dépressifs et végétatifs à l'idée de reprendre leur vie ! C'était hors de question.

Je décidai de m'émerveiller devant ce que je voyais. Un bel appartement, rangé grâce aux bons conseils de Marie Kondo (papesse du tri) et décoré avec goût (#selfcompliment), le cocon de notre famille. Je décidai aussi de faire fi du top 3 des accessoires qui mettaient ma déco à rude épreuve : les cache-prises, le réducteur de toilettes et les (nombreuses) œuvres d'art des filles...

Il faut dire que j'ai deux artistes particulièrement prolifiques à la maison. Il ne se passe pas une journée sans que je termine avec trois créations... par fille.

Je me rappelai les jolis événements que nous avions vécus dans l'appartement (le premier Noël avec les filles, les anniversaires, l'arrivée de la fibre...), bref je troquai mes ruminations par un plein de good vibes. C'est d'ailleurs ce que je m'étais promis pendant les vacances : faire chaque jour le plein d'énergie positive dans ma vie, ce qui allait passer par la mise en place d'un rituel de rentrée...

MA BULLE D'INSPIRATION

Je réenchante mon quotidien en prenant quinze minutes juste pour moi, le matin, avant d'être prise par le tourbillon de ma journée. Ce créneau, je le conserve chaque jour et je ne le rogne pas. No matter what !

Je profite de ce sas pour lire et m'inspirer avec mon mag empowerment, pour écouter mon podcast chouchou ou juste pour prendre le temps de respirer devant un café crème (ou deux) à la fenêtre. Ce sont mes déclencheurs de bonheur, pas question de m'en priver !

J'essaye de m'y tenir toute l'année pour en faire une véritable routine (pas comme quand je décide en septembre de m'inscrire à l'aquagym, pour abandonner dès que je me rappelle que cela nécessite le port d'un bonnet en polyester...).

J'ai découvert avec les années que prendre ce temps pour moi me permettait d'être plus zen avec mon entourage, que c'était donc un win-win.

Je me dis d'ailleurs que je pouvais aussi proposer aux filles de créer leur propre rituel de rentrée pour prolonger les bienfaits des vacances : chaque soir, désormais, on allait se coucher en se rappelant un joli souvenir de vacances.

4 SEPTEMBRE

24 H CHRONO : TODAY IS THE DAY

Et voilà, le jour que je redoutais depuis le début des vacances était là. Quand j'y repense, l'été avait filé aussi vite qu'un bon épisode de *Downtown Abbey*, mais il fallait aller de l'avant, se pencher sur cette nouvelle année à venir, faire le plein de good vibes et d'énergie.

Je vais essayer de retracer avec autant d'exactitude que possible cette folle journée. Jack Bauer n'a qu'à bien se tenir.

7 h 12 : dans les starting-blocks

J'avais essayé de recaler mes jumelles à un rythme « normal » quelques jours avant leur rentrée en moyenne section. La veille, j'avais ainsi tenté de les coucher à 20 heures, avec autant d'espoir et d'excitation qu'une nominée aux César. À peine la première couche d'épiderme de mon popotin était-elle posée sur le canapé que résonnait un « Mamannn, j'ai soif ». Puis la série noire (#fail) : « Maman, j'ai faim », « Maman, ça me gratte », « Maman, un câlin », « Maman... » (oui, à ce stade, je crois qu'elles manquaient juste d'arguments). Au petit matin, j'ai donc dû les bousculer pour qu'elles se réveillent, ce que je déteste faire. D'ailleurs, si quelqu'un peut m'expliquer ce processus biologique qui fait que, du lundi au vendredi, tes enfants dorment jusqu'à 9 heures alors que le week-end tout le monde est sur le pied de guerre à 7 heures, ça m'intéresse !

Bref, au réveil, pour faire oublier la courte nuit précédente, j'avais préparé une séance de motivation collective qui s'articulait autour d'un petit déjeuner gargantuesque (tellement instagramable que, malgré la course, je prenais le temps de faire un post accompagné d'un #slowmorning), le tout servi sur une playlist regroupant tous les hits de Katy Perry (il faut savoir que, quel que soit le moment critique, Katy ne nous a jamais fait faux bond).

Malgré toute ma bonne volonté et les dispositifs dignes d'une animatrice de colo que j'avais mis en place, rien ne s'est passé comme je l'aurais souhaité, évidemment ! Clémence s'était réveillée avec un œil collé et plein de croûtes (depuis qu'elle est toute petite, elle a une appétence certaine pour les conjonctivites). Sa sœur, qui se fichait d'elle, naturellement, lui avait proposé un bandeau de pirate. De mon côté, prise de panique et persuadée que cette journée allait déterminer toute leur année (voire leur vie), je doublai le volume du son de l'enceinte et me lançai dans une chorégraphie indescriptible sur une chanson des Kids United.

Voyant la hauteur de mon investissement, et ce qu'il en coûtait à mon ego, ma famille décida de ne pas me laisser seule dans ce qui était un moment très gênant et embarrassant pour moi. Tous se joignirent ainsi à moi dans cette danse qui ne ressemblait à rien, ce qui me fit comprendre que, même si cette journée ne se passait pas comme je l'avais imaginé, nous étions unis et prêts à affronter cette foutue rentrée !

7 h 30 : point météo

Une fois l'ordre rétabli et le volume sonore baissé, nous avions enfin pu profiter d'un petit déjeuner « au calme ». Je me dois de préciser que « au calme » comprend naturellement vingt-cinq sollicitations au pipi, dix-huit au lavage des dents et une véritable lutte pour faire avaler trois bouchées à chacune. C'est tout moi, ça ! À chaque rentrée, je prends la résolution de leur faire de bons petits déjeuners healthy et vitaminés, tout en sachant très bien que, dans quelques semaines, si ce n'est quelques jours, il s'agira d'engouffrer un pain au chocolat sur la trottinette. En mère (presque) modèle et qui a une conscience (surtout pour sauver la face), j'avais pris l'habitude de faire disparaître toutes les preuves du crime avant de laisser les filles entrer à l'école (miettes dans les cheveux, pépites de chocolat dans les ongles...).

Mais bon, en ce jour de rentrée, tout restait approximativement sous contrôle. À ce moment-là, mon Smartphone (je dois encore faire un travail sur la déconnexion...) m'envoya une notification avec la météo du jour. C'est là que me vint une idée. Je décidai de lancer un tour de table où chacun donnerait sa météo intérieure.

LE CIEL EST BLEU, NOUS N'AVONS RIEN À FAIRE, RIEN QUE D'ÊTRE HEUREUX !*

*(©Isabelle Pierre)

Pour consulter ma météo intérieure, je dessine :

un soleil si je suis heureuse, apaisée, excitée par cette journée...

un orage si je suis sur les nerfs...

un nuage et de la pluie si j'ai besoin de réconfort...

une météo entre deux si je suis mi-figue mi-raisin...

Un rituel simple et ludique pour inviter petits et grands à confier leurs émotions, à mettre des mots dessus, mais aussi à « afficher la couleur » pour une **meilleure communication** avec les autres.

Ça amusa beaucoup les filles, et ce fut l'occasion pour chacun de parler de ses émotions face à cette journée. Évidemment, cela nous a mis en retard ! J'ai empoigné les filles et nos trottinettes, et nous nous sommes lancées dans ce qui était le premier sprint de cette nouvelle année scolaire (mais probablement pas le dernier).

// Aparté
Je n'explique toujours pas le gap spatio-temporel qui intervient chaque matin d'école entre 8 heures et 8 h 20. J'entends par là que ces vingt minutes s'écoulent spécifiquement comme un battement de cils (tout à l'inverse des quinze minutes entre 19 h 45 et 20 heures, qui sont très, très, très longues). J'aimerais bien savoir si Jamy de *C'est pas sorcier* serait en mesure de trouver à cela une cause scientifique... ou pas !
Fin de l'aparté //

8 h 30 : back to school

On y était, on ne pouvait plus reculer. Devant la porte de l'école, je faisais mine d'être super-excitée, mais j'avais la boule au ventre. On a pris le chemin de leur classe. J'avais l'impression d'être dans un film et que la scène se jouait au ralenti. On allait franchir le seuil de la salle et voir ce qui m'obsédait depuis déjà quelques semaines : la tête de leur nouvelle maîtresse. Elle avait l'air assez « normale », et elle a accueilli les filles sans se tromper de prénom, ce que j'ai grandement apprécié.

Comme à mon habitude, j'essayai de briser la glace avec une blague légère dont j'aurais dû me passer : « J'ai mis un œil de pirate à Clémence pour que vous puissiez les distinguer ! » Bref, c'était parti !

Il était temps de quitter les filles, de les laisser pour leur première journée de classe. Un tronc d'arbre me transperçait le cœur, mais je contenais mes larmes pour leur éviter une terrible humiliation. J'essayais de penser à des choses drôles, comme la vidéo de ces pandas qui glissent le long d'un toboggan. Ça a toujours été d'une grande efficacité !

Au moment où je m'apprêtais à sortir de la classe, je tombai sur une maman en panique, son fils étant en train de se rouler par terre à la porte en hurlant qu'il ne voulait pas aller à l'école. Sa mère, dévorée par la peur de se faire remarquer, essayait tous les ressorts possibles, cédant finalement à l'appel de ce que j'ai baptisé le **MCR** : la **M**enace (*Si tu n'y vas pas, sois sûr que tu ne sauras jamais si Simba devient roi de la savane*), le **C**hantage (*Si tu rentres dans la classe, je te donne un bonbon ce soir*) – pourtant, on sentait bien que ça lui coûtait – et la **R**ésignation (*Bon très bien... tu ne veux pas y aller ? On n'y va pas !*). Son fils la suivit aussitôt avec un large sourire, la laissant désemparée et en pleine déconfiture.

Cela m'a instantanément fait penser à quelques moments embarrassants que j'avais moi-même vécus en tant que maman, comme la fois où Laure a hurlé dans les allées du supermarché : « Maman, on est venues QUE pour acheter ta bouteille de vin ? » Heureusement, mon esprit vif m'avait permis de détourner son attention avec un « Mais non, pour acheter des glaces, aussi ». Il y a eu aussi la fois où notre voisin m'a entendue beugler sur Clémence, alors constipée, « Si tu ne fais pas caca tout de suite, il n'y aura pas de dessins animés »... Dans ce genre de situation, il ne faut pas hésiter à déployer ce que j'appelle le « plan anti-mum shaming ».

LE PLAN ANTI-MUM SHAMING

Je fais appel à un ami pour m'éviter ce sentiment de « moi seul contre le monde ». J'appelle ma mère pour un soutien psychologique ; je ris de la situation avec ma boulangère… Bref je me cherche des alliés parce que, soyons clairs, TOUS les parents sont passés par cette terrible épreuve de « la grosse honte ».

Je détourne l'attention de l'enfant. Alors là, tous les subterfuges sont bons, tant que je suis créative. J'essaye simplement d'éviter de dépasser les limites sous l'effet de la panique, comme la fois où j'ai annoncé aux filles que j'étais la mère Noël pour mettre fin à leur scène.

Je ne dramatise pas, je prends du recul. Plus je réagis à la crise de l'élément perturbateur, que ce soit par du stress ou par de la colère, moins les filles ont de chances de se calmer. Mes armes secrètes : l'humour (une grimace, une blague…) et le détachement #zen

J'essaye ensuite de mener l'enquête. Une fois l'ouragan Laure et/ou Clémence passé, j'en rediscute avec elles pour tenter de découvrir ce qui ne va pas et mettre des mots dessus.

Pleine de compassion, je décidai donc de tenter de sauver cette maman, qui aurait très bien pu être moi, après tout. Il faut savoir que, lorsqu'on devient parents, il faut vite se familiariser avec la notion de honte et essayer au maximum de se défaire du regard des autres, sinon… on est foutus !

Je demandai à Clémence, la plus douce de mes jumelles, d'entamer une conversation avec ce petit garçon. Intrigué par son bandeau de pirate customisé avec des paillettes, il l'a suivie ! Sa mère m'exprima alors autant de gratitude que si je venais de lui offrir un an d'abonnement à Netflix. Après tout, je n'avais fait que lui offrir une bonne dose de bienveillance. Je sentis aussi que c'était le début d'une belle amitié entre mamans d'école (© Florence Foresti), et qui sait peut-être bien plus…

J'aime particulièrement ce moment où l'on noue de nouvelles amitiés. Le processus pour se faire des amies d'école est grosso modo le même que quand on draguait un garçon à 15 ans (oui, à mon âge, ce n'était pas avant 15 ans, et encore...). Pour un premier contact, tu scannes le sujet pour voir si vous êtes sur la même longueur d'onde, si vous avez des goûts en commun, la même marque de trottinette... Tu tentes un sourire tout en subtilité pour éviter de l'effrayer et de passer pour la meuf en galère de copines. Comme avec les garçons, il s'agit ensuite de vérifier qu'on ne tape pas en dehors de sa league pour ne pas se prendre un râteau, ce qui, avouons-le, fait aussi mal à 15 ans quand on est face à un ado boutonneux qu'à la trentaine (restons vagues) face à une maman d'école pédante !

Delphine, elle, remplissait toutes mes cases. Elle avait l'air douce et semblait aussi angoissée de la vie que moi. À en croire le sticker « Moi je roule vert » sur la trottinette de son fils, c'était une écolo-girl, et j'avoue que j'aurais bien besoin de quelques conseils sur le sujet ! Bref, sur le papier, ça matchait. Affaire à suivre...

8 h 45 : briefing ✔

Nous avions rendez-vous à 8 h 45 pétantes pour une première réunion d'information avec la directrice. Histoire de bien nous mettre à l'aise, elle nous avait laissé le choix entre nous asseoir en tailleur sur le sol (une position jambes écartées que j'évite depuis l'accouchement) et tenter le pari de caler notre popotin d'adulte sur une chaise d'enfant. J'étais d'humeur joueuse (et je n'avais pas trop le choix, non plus), donc je me décidai pour la chaise en tâchant de ne pas m'y laisser reposer de tout mon poids. Je pense qu'intérieurement cela faisait jubiler la directrice de voir les parents ainsi diminués ; cela lui conférait

du pouvoir, pouvoir dont elle semblait se nourrir. Je tentai tant bien que mal de conserver un peu de dignité sur cette chaise d'enfant customisée d'autocollants de grenouilles. J'avais suivi de près les études d'Amy Cuddy, professeure à Harvard, sur le *power posing* : la posture que l'on adopte a un impact direct sur la façon dont les autres nous voient, mais aussi et surtout sur la manière dont nous nous voyons nous-mêmes ! Ce n'était pas le moment de lâcher. Je me tenais droite, tête haute, épaules dégagées. Ainsi, du haut de ma petite chaise, je donnais tout pour concurrencer cette directrice qui arborait une position à la Wonder Woman pour nous impressionner.

Évidemment, mon syndrome de la bonne élève m'avait poussée à m'asseoir au premier rang. Je faisais mine d'écouter le brief et de prendre studieusement des notes sur un carnet dédié. Je suis plutôt du style à écrire sur Notes, l'appli d'iPhone, mais j'avais trop peur que la directrice pense que je tweetais pendant son speech (ce que j'avoue avoir parfois eu envie de faire). Je ne me démontai pas : j'essayai de croiser le regard d'autres parents sympas et de lancer quelques blagues (sans me faire pincer), bref je commençai ma campagne de séduction ! Après tout, c'était maintenant que tout se jouait.

9 h 52 (et 3 kilos de sueur en moins) : arrivée à l'agence

Il était 9 h 52 seulement et j'avais déjà l'impression d'avoir vécu trois vies en ce début de journée. Il ne me restait plus qu'à revêtir mon costume de working girl. Rien que ça !

But first... une petite séance de chiale aux toilettes s'imposait. Évidemment, j'étais ravie de goûter de nouveau à ma liberté, mais j'avais le bourdon : j'avais abandonné mes bébés, quand même ! Après trois semaines à vivre au même rythme (ou, plutôt, à leur rythme), c'était un déchirement de me séparer d'elles. Ça m'a d'ailleurs toujours amusée de constater que, pendant les vacances, on attend avec impatience le moment de la sieste, non pas pour ne plus voir notre progéniture, mais juste pour en profiter différemment : l'une des premières choses que l'on fait est d'aller contempler des photos d'elles, #contradictionquandtunoustiens. Je me retrouvai donc aux toilettes de l'agence à glousser aussi discrètement que possible en swipant d'une photo à l'autre sur mon Smartphone avec autant d'entrain qu'une célibataire sur Tinder. Je devais maintenant me reprendre et regagner mon bureau. En tant que directrice artistique, rien de choquant à ce que j'attaque ma journée à 10 heures, mais, étant donné que je voulais partir tôt pour recueillir au plus vite les impressions des filles, il fallait bien que je me colle au boulot sans tarder.

// Aparté
Il est important de noter que je ne ressemblais plus à grand-chose à cette heure pourtant matinale. Mon look de rentrée, si minutieusement étudié, n'était plus qu'un souvenir. Je dégoulinais à grosses gouttes dans ce pull en cachemire que j'avais choisi pour sa douceur. J'avais juste oublié le réchauffement climatique et les 30 °C affichés au thermomètre.
Fin de l'aparté //

Un bonheur n'arrivant jamais seul, je vis que le big boss m'attendait dans mon bureau, #joie. Il avait l'air sérieux. Il me demanda rapidement comment s'était passée la rentrée des filles, sans vraiment me laisser le temps de répondre. « Bon, Alice, je ne vais pas y aller par quatre chemins… Toi qui suis un peu l'actualité, tu as dû voir que toutes ces conneries de qualité de vie au travail et compagnie étaient à la mode ! » Circonspecte, je répondis avec un poil de sarcasme : « Tu veux parler du bien-être de tes salariés ?

— Oui, oui, bon ! on s'est compris ! Bref ! Toi, tu aimes bien ces trucs psycho sur le bonheur, non ? »

Je sentis le piège, mais impossible de l'éviter… J'acquiesçai donc !

« Bon, alors j'ai décidé de te nommer happy office manager. Tu seras un peu la Madame Bonheur de l'agence, tu vois ? C'est sympa, non ? »

J'essuyai discrètement le paquet de mascara collé au coin de mon œil à cause de ma crise de larmes, acceptai sa proposition et le remerciai pour son gage de confiance. Je ne me risquai évidemment pas à lui demander si un bonus était à la clé, même si je savais qu'Antoine me passerait un savon pour accepter de bosser encore plus gratuitement. Je savais qu'il avait raison, mais bon, pour moi, c'était l'opportunité de faire du bien, #sœurTeresa. Et puis, après tout, il est scientifiquement prouvé que faire de bonnes actions permet d'accroître son niveau de bonheur, donc c'était un cadeau que je me faisais, quelque part (oui, voilà, c'est cet argument que j'ai avancé à Antoine !).

Du coup, je me dis que ça allait être rapidement mal vu de faire la gueule à la rentrée pour un happy office manager. Je décidai de me reprendre, pour voir dans cette « promotion » une formidable occasion de répandre de good vibes. De toute façon, j'étais déjà un peu la maman ou la grande sœur des membres de mon équipe : étant née avant les années 1990, j'étais un ovni pour eux.

J'aimais jouer ce rôle, mais je me sentais parfois incomprise dans mon quotidien de maman. Comment expliquer que tu dois quitter prématurément le bureau parce que ta fille a eu la bonne idée de se mettre une bille dans le nez à l'école ? Et que, oui, ma fille sera toujours prioritaire (« toujours », parce qu'elle l'a fait plus d'une fois) face à une urgence professionnelle. Bien souvent, j'étais écrasée par le poids de la culpabilité, avec cette impression constante de tout mal gérer.

Mais l'heure n'était pas aux ruminations ! Je convoquai tout le monde pour annoncer (avec la fierté d'une gamine de sixième qui vient d'être élue déléguée) que j'endosserai désormais le rôle de happy office manager. Très vite, je me laissai embarquer dans un discours à la Michelle Obama qui me donna les poils :

« Chers collègues, sachez que, bien que nous soyons dans l'ère la plus connectée de l'histoire, le taux de solitude a doublé depuis les années 1980 ! Nous sommes en mal de lien social, et ce surtout dans nos espaces de travail ! Mais moi, Alice, je vous promets de réintroduire le plaisir dans notre bureau. Je souhaite que l'entraide prenne place dans notre quotidien pour un peu plus qu'un baby-foot à la cafétéria. Car, pour citer la *Harvard Business Review* [je tâchais de les épater], "offrir et recevoir de l'aide librement est l'une des façons les plus tangibles de se sentir connecté à l'autre" ».

J'entendis mes collègues réagir à chaud : « Elle a pas dit qu'on allait avoir un baby-foot ? »

Plus que des mots, je savais qu'il faudrait que je mette des actions en place. Il fallait même que je donne le *la* dès ma prise de fonctions. Et c'était aujourd'hui. Je voyais bien que mes troupes étaient dissipées et stressées par la montagne de dossiers et de mails qui s'étaient accumulés pendant les vacances des uns et des autres. Je décidai de briller en leur apportant ma science : « Par exemple, pour attaquer cette reprise sereinement, je vous propose de nous familiariser avec la méthode Ivy Lee. »

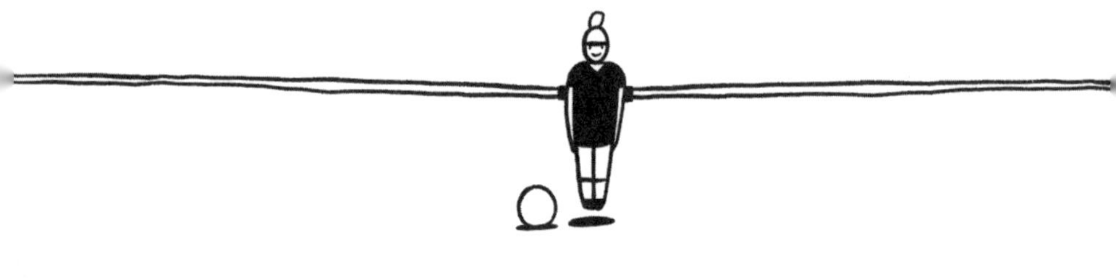

JE SUIS LA BOSS DE MA JOURNÉE !

Voici un outil très simple, mais magique, pour redéfinir nos priorités quotidiennes, éviter de passer constamment du coq à l'âne au sein de la journée et ne pas se laisser déborder !

— À la fin de chaque journée, je dresse la liste de six tâches que je réaliserai le lendemain. Pas sept, ni huit ! On se cantonne vraiment à six missions, sans s'éparpiller.

— Je classe ces tâches par ordre d'urgence et d'importance.

— Le lendemain, je m'attaque à la première tâche de ma liste, et je ne passe à la suivante que quand j'ai terminé la première.

— Si, à la fin de la journée, certaines tâches n'ont pas été réalisées, pas de stress, je les reporte au lendemain.

— Et le lendemain, rebelote ! Je recommence, sans procrastiner, ma liste étant déjà prête.

Je clôturai donc mon discours par un rapide : « Exit les pointes de stress ! »

J'aurais bien finalisé ma prestation par un mic drop, mais il me manquait l'accessoire clé... Je fis donc illusion avec un lâcher de stylo-bille, qui ne fit pas vraiment le même effet.

17 h 30 : impressions à chaud

Il m'avait fallu user de nombreux stratagèmes pour m'extirper du bureau si tôt sans attirer l'attention. Le pire, c'est que je suis persuadée que mes collègues s'en contrefichent et que je me mets la pression toute seule.

Les toilettes se trouvant près de l'ascenseur, j'avais fait plusieurs petits allers et retours discrètement, avec mon manteau, puis mon sac à main, pour tout déposer là-bas et m'éviter de traverser l'open space avec toutes mes affaires au moment de partir. Je n'assumais tellement pas que j'avais menti à une collègue, croisée aux toilettes, qui m'avait demandé ce que je faisais avec mon manteau et mon sac à main. Prise de court, j'avais répondu que j'allais m'acheter des clopes et que je revenais. Étant à fond dans mon personnage, j'avais même enchaîné : « T'en veux ? » Heureusement, elle avait décliné ma proposition. Mon scénario était plein d'incohérences : 1) Je ne fumais pas. 2) Elle ne me reverrait pas avant demain matin !

Une fois dehors — j'avais finalement pris les escaliers pour minimiser les risques de croiser d'autres collègues —, je courus rejoindre mes bébés.

J'avais hâte qu'elles me racontent toute leur journée, leurs impressions, leurs nouvelles rencontres, mais, au moment des retrouvailles, je me suis retrouvée face à deux murs… en béton armé : « Oui », « Non », « Bof », « M'en rappelle pas »… Extirper des informations à un enfant après une journée d'école, c'est un peu comme tirer des aveux à un suspect peu coopératif pendant une séance d'interrogatoire (non pas que je me sois déjà prêtée à l'exercice, mais tu connais ma passion pour les séries policières). Mais bon, je retombais dans mes travers ! Je devais accepter de ne pas pouvoir tout contrôler.

J'essayai aussi de me mettre à leur place et d'imaginer ma mère débarquant à la sortie de mon bureau : « Tu as fait quoi, aujourd'hui ? Tu as bien mangé tes légumes ? Ton patron est gentil ? Oh zut ! tu as encore filé ton collant ! Tu sais combien ça coûte ? »

Cette petite projection cérébrale me fit lâcher prise et profiter de cet instant avec les filles, que j'étais simplement contente de retrouver.

Nous allions rentrer, leur faire couler un bon bain chaud pour qu'elles se détendent et partager quelques fous rires en famille ! Et c'était bien là l'essentiel.

6 SEPTEMBRE

MOOD DU JOUR

être HEUREUX

NE SIGNIFIE PAS QUE TOUT EST

PARFAIT ;

cela signifie que vous avez

DÉCIDÉ de  regarder

AU-DELÀ DES IMPERFECTIONS

— ARISTOTE —

9 SEPTEMBRE

PARENTALITÉ BUISSONNIÈRE

Ce qui s'est passé aujourd'hui est complètement fou ! Complètement fou !

Avec Antoine, on a accompagné Laure à l'anniversaire d'une de ses anciennes copines de crèche. Du coup, on avait prévu de faire des petites courses avec Clémence. Mais voilà, à notre arrivée, la maman de la copine de Laure nous a proposé de garder aussi Clémence. À peine avait-elle terminé sa phrase qu'avec Antoine on était déjà en bas de l'immeuble.

Ces occasions ne se présentent pas deux fois, encore moins en cette période de rentrée ! On avait deux heures devant nous, et notre to-do list était gonflée à bloc : approvisionnement au sein d'un grand magasin suédois ; achat de fournitures ; recherche d'une location pour les prochaines vacances scolaires... On avait largement de quoi s'occuper !

Il est vrai que notre vie de couple est passé du LOL de lot of laugh au LOL de lot of logistics, ces dernières années... Pourtant, je me rappelle qu'avant d'avoir les filles on s'était promis, de manière un peu prétentieuse, de ne pas faire comme les autres, de toujours commencer chaque journée par une étreinte... Aujourd'hui, quand je vois l'état et la fréquence de nos « interactions physiques » au sens large du terme, je me dis que c'était utopiste de notre part ! Honnêtement, je crois que la fatigue a eu quelque peu raison de nous et de toute notion de romantisme. On faisait nos choqués de voir nos couples d'amis faire passer leurs enfants avant tout, avant eux, mais on a fait exactement la même chose, évidemment.

Aujourd'hui cependant, Antoine s'est fendu d'un coup de folie, ou plutôt d'un coup de génie : il m'a proposé d'envoyer balader notre to-do list et d'aller nous faire une toile. Il a aussi émis une condition, ne pas évoquer les sujets qu'on aborde d'habitude et qui donnent toujours lieu à de grands débats, comme le dysfonctionnement du système de restauration en milieu scolaire, la gestion et le traitement des matières fécales (traduction : Clémence s'est encore fait caca dessus) et la place de l'inné et de l'acquis dans l'éducation (traduction : est-ce que, si ma fille est stupide, c'est de ma faute ?).

On était dans la transgression la plus totale ! On allait se faire un cinéma, un samedi à 14 heures, BORDEL ! On se retrouvait noyés dans un groupe de d'jeun's au milieu des « Tu t'affiches », « C'est trop fac' », et « Yolo ». Et si on était assez fous, on mettrait peut-être même nos téléphones en mode avion (c'est en tout cas ce que j'avais promis à Antoine, en croisant les doigts).

Je dois dire que cette bulle d'oxygène dans le tourbillon de la rentrée nous a fait le plus grand bien !

12 SEPTEMBRE

I WANT IT ALL

Je veux arrêter de courir après ma vie, au risque de passer à côté.

Je ne veux plus devoir choisir entre ma famille,
mon job et du temps pour moi (#terrible3).

Je ne veux plus me noyer dans un verre de rosé
(même si c'est un Minuty).

Je veux troquer le blues du dimanche soir pour l'excitation
d'une nouvelle semaine et les promesses qui en découlent.

Je veux pouvoir profiter de mes filles sans ressentir de la culpabilité
parce que j'ai une tonne de choses sur ma to-do list.

Je veux kiffer la vibe avec mon mec (et ne pas avoir exclusivement
des conversations sur les selles de nos enfants… au dîner).

♥ **Je veux aimer,** éperdument, et être aimée. ♥

Je veux ne plus me sentir illégitime dans ce que je fais,
dans ce que je dis et dans qui je suis.

Je veux que mes filles soient **fières de moi.**

Je veux leur apprendre à être courageuses, à oser,
à essayer sans avoir peur d'échouer.

Je veux arrêter de me gâcher la vie, de m'autosaboter.

Mon nouveau mantra n'est plus
« ~~Je suis au bout de ma vie~~ »,
mais « J'ai envie de bouffer la vie ! ».

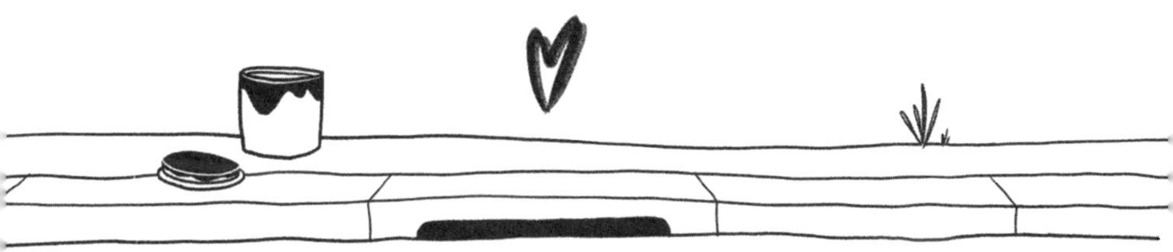

13 SEPTEMBRE

RTT (RÉDUCTION DU TEMPS POUR TOI)

Aujourd'hui, c'est mon jour off. Il y a un an, à grand renfort de menaces et de crises de larmes, j'étais parvenue à négocier un 90 % auprès de mon boss. Au final, la plus belle arnaque du monde de l'entreprise, puisque tu te retrouves à abattre la même quantité de travail dans un temps plus serré, le tout en étant moins payée. Mais ça, je ne l'ai compris que plus tard. À ce moment-là, j'étais véritablement persuadée d'avoir obtenu le Graal.

Je n'avais pas anticipé que ce temps pour moi rimerait quasi exclusivement avec le fait de m'avancer sur le ménage, de lancer quelques machines et de gérer la paperasserie du moment.

Heureusement, je fais preuve de lucidité de temps en temps, et j'arrive à profiter de cette journée pour m'organiser quelque chose de sympa qui ne requière de compétences ni administratives, ni ménagères, ni médicales.

Cette fois-ci, je buvais un café avec Delphine, la maman d'école que j'avais « sauvée » le jour de la rentrée. Après une semaine de « drague » intensive, je l'avais finalement vue faire le premier pas et m'inviter à boire un petit café.

Delphine avait donc un fils, Marin, de l'âge de Laure et de Clémence, et était sage-femme. Elle était passionnée par son métier, et tout aussi passionnée par ce qui touchait à l'écologie, ce qui expliquait qu'elle arrive à notre rendez-vous munie d'un *cup no excuse for single use* qu'elle utilisait pour boire sa « potion magique », comme elle l'appelait, un genre de jus multivitaminé à base de fruits dont je n'avais jamais entendu parler.

C'est fou comme on peut très vite se connecter à quelqu'un qu'on ne connaît pas du tout. Nous n'avions même pas encore attaqué le spéculos servi avec notre café que nous en étions déjà à nous raconter nos épisiotomies ! À la base, je suis de nature pudique. Je suis même de celles qui, encore embarrassées après quinze ans de consultations gynécologiques, demandent toujours s'il faut enlever sa culotte pour l'examen. Depuis la naissance des filles, mon rapport au corps et à l'intime avait changé. Maintenant, je me mets à poil sans que mon médecin me le demande, tout en lui tendant ma carte Vitale.

C'est un peu comme si mon corps était désormais au service du monde, et que tous les tabous que j'avais étaient tombés comme un château de cartes. Je ne sais pas si c'est une bonne ou une mauvaise chose, je sais juste que ça agace Antoine quand je traîne en culotte à la fenêtre face à tout le voisinage.

On avait un sacré débit, avec Delphine.

On a parlé de nos vies à 200 à l'heure, de nos kilomètres de to-do lists, mais aussi du fait qu'on se sentait parfois seules et démunies dans un quotidien qui ne nous faisait pas de cadeaux.

On a parlé de nos enfants, bien sûr, et de ce geyser d'émotions qui nous saute à la figure dès lors qu'on devient mère.

Des doutes quotidiens, des doutes ponctuels, des doutes qui se formalisent, des doutes qui restent doutes, de ceux qui nous paralysent et de ceux qui nous font avancer.

De cette bonne vieille culpabilité qui nous colle à la peau « quoi que l'on fasse, où que l'on soit, rien ne l'efface », comme dirait Jean-Jacques Goldman.

De la pression qu'on se met pour les enfants, comme si un premier anniversaire raté allait déterminer le reste de leur existence.

De combien on les aime quand ils sont éveillés, mais comment on les aime plus fort lorsqu'ils dorment (et encore plus quand ils le font dans nos bras, #loveintégral).

De notre maman, dont l'approbation nous est si précieuse, mais des avis de laquelle on se passerait bien, en particulier quand elle a raison sur l'éducation de nos enfants !

BLABLA
CRE-VÉE
FAIT CHI*R
FATIGUE!
bla
PRESSION
chéri
bla
bla
!!!
bla bla
bla
CULPABILITÉ
bla bla
bla
BLA
PATATI
l'amour
bla
PAS L'TEMPS!
BLABLA...
BLABLA!
DOUTES
LES ENFANTS
blabla → MA BELLE-MÈRE
HELP blablabla

De notre vie de femme, qui se fait un peu rare, avouons-le, qui passe en tout cas clairement après nos rôles de maman, de collègue et de compagne.

De notre vie professionnelle, qui ressemble de moins en moins à ce à quoi on aspirait quand on était petites filles.

De ces rêves qui se tassent, de cette raison qui prend le dessus parce que, « tu comprends, on n'est plus des enfants, il faut gagner notre vie, maintenant ».

On refaisait le monde, on refaisait notre monde.

On aurait pu nous reprocher de nous plaindre. En toute honnêteté, on a de la chance (et on le sait), mais on s'en fout ! On a le droit nous aussi de pousser des coups de gueule. C'est salvateur. Échanger, s'apercevoir qu'on partage les mêmes préoccupations, ça fait un bien fou.

On est même parties dans un délire : créer un groupe où les femmes viendraient échanger sur leur quotidien, sans jugement, comme on venait de le faire pendant ces deux heures.

Après ce pot, je me suis sentie revigorée comme jamais, prête à déplacer des montagnes.

Quelques heures après nous être quittées, nous échangions déjà des messages sur un groupe WhatsApp que Delphine avait nommé avec humour WVengers (*Women Vengers*). Elle me disait que ce n'était pas si bête, cette idée de création d'un groupe de soutien. On s'entraiderait les unes les autres, chacune apportant ses expériences, son vécu. Il nous fallait juste recruter une équipe de choc !

Nous nous sommes amusées à dresser quelques profils dont nous aurions besoin au sein de notre groupe.

Très vite, j'ai été rappelée à la réalité par un appel de l'école : Clémence s'était mis une bille dans le nez ! Je te passe les interrogations sur le fait que, malgré les évolutions sociétales, c'est encore la mère qu'on appelle en premier dans 99 % des cas !

Je déteste ce moment où je vois s'afficher le numéro de téléphone de l'école. Ma vie défile devant mes yeux, mon cœur bat la chamade, mes mains transpirent... J'ai d'ailleurs remarqué qu'on prend un malin plaisir à te divulguer d'abord toutes les informations inutiles, comme l'heure et le lieu où s'est produit l'incident, pour finir sur le point clé, la seule chose qui t'intéresse en tant que mère, à savoir que ton bébé est encore vivant... Combien de points de suture ? Une transfusion de sang est-elle nécessaire ? Dois-je partir en quête d'un organe vital à travers le monde ?

Encore une fois, j'avais paniqué pour (presque) rien. J'essayais de retrouver mes esprits en me lançant dans un petit rituel fuck it qui m'a toujours sortie des situations épineuses, un exercice inspiré de l'Intensati, une méthode de méditation active qui mêle mouvements de yoga, de danse et d'arts martiaux avec des pensées et des affirmations positives.

MON RITUEL FUCK IT

Je lève le menton, je mets mes mains sur mes hanches, **je bombe le torse** fièrement et j'écarte les pieds. Autrement dit, j'adopte une pose de pouvoir.

Je me répète une rengaine fuck it :

Je fais comme je peux et c'est déjà énorme • Je fais comme je peux et c'est déjà énorme • Je fais comme je peux et c'est déjà énorme...

Heureusement que je m'étais adonnée à ce petit rituel de lâcher-prise, qui m'a aussi permis d'affronter une fin de journée tout aussi « challenging » : une fois l'histoire du soir terminée, Laure s'est tournée vers moi avec ses yeux ronds et m'a demandé : « Maman, pourquoi tu travailles ? » Je me suis surprise à répondre « Pour payer à manger, pour qu'on puisse vivre dans un joli appartement », ce qui était à mille lieues de ce que je voulais transmettre à mes filles. En temps normal, j'aurais répondu avec passion et enthousiasme : « Parce que c'est épanouissant et que maman aime ce qu'elle fait. » J'ai toujours eu à cœur de leur apprendre que, si elles avaient un rêve, elles devaient le poursuivre.

Aujourd'hui, leurs rêves étaient ceux des petites filles, mais cela les guiderait forcément pour plus tard. Par exemple, Clémence voulait faire comme Indiana Jones et réaliser des fouilles à travers le monde (cela expliquait peut-être les billes dans le nez). Laure quant à elle voulait « rendre les gens heureux ». Je lui ai alors dit que, si elle voulait rendre les gens heureux, elle pourrait par exemple ouvrir une pâtisserie, et j'ai reçu un très large sourire en réponse.

Voilà à ce jour ce qui faisait vibrer mes filles, et j'en étais plutôt fière.

Je repense à la question de Laure et à la réponse qui m'avait échappée... je n'étais clairement plus en phase. Je devais agir ! Et j'avais ma petite idée...

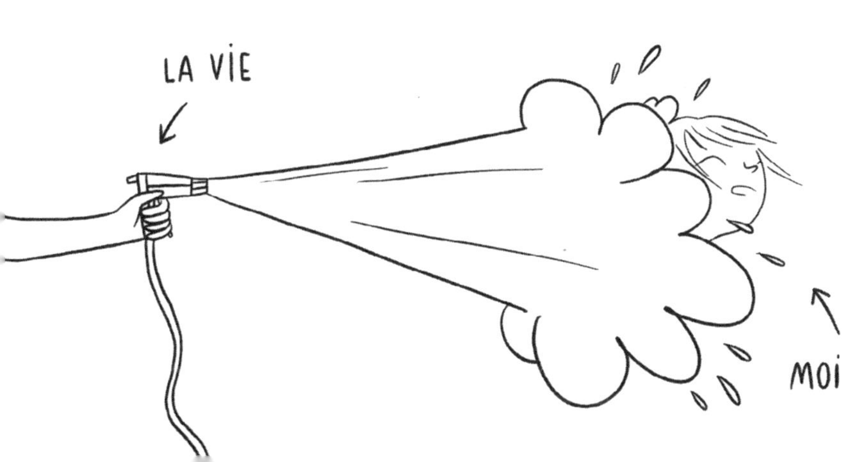

16 SEPTEMBRE

BAD MOMS

En cette semaine un peu dense, j'avais besoin de me vider l'esprit devant un film. Comme je suis capable de passer ma soirée entière à scroller sur ma bibliothèque sans parvenir à faire un choix, j'avais décidé de cliquer sur le premier film que mon compte Nextflix me proposait : *Microcosmos.*

Bon, OK, plutôt le deuxième... *Bad Moms* ! Le casting m'a tout de suite séduite : Kristen Bel (on m'a très souvent dit que je lui ressemblais. Ah non, ERRATUM ! JE me dis souvent que je lui ressemble), Mila Kunis, Christina Applegate. C'était ce qu'il me fallait, même pas besoin de visionner la bande-annonce.

Comme un signe venu de je ne sais où, je découvrais un film dont le sujet n'était autre que des mères au bord du burn out, qui craquaient sous le poids de la pression qu'on leur imposait (et qu'elles s'imposaient aussi) au quotidien et qui avaient finalement décidé de s'accepter telles qu'elles étaient : des mères imparfaites. Cela donnait lieu à des scènes délicieusement défoulantes, comme celle où une des héroïnes décide de faire ce dont on rêve toutes, balancer un « Non, je ne viens pas » sans s'excuser à une réunion de parents d'élèves, et j'en passe...

Des mères qui s'entraident, qui arrêtent de se mettre la pression ? Ça m'a instantanément fait penser à notre projet de groupe avec Delphine. C'était un signe ! Ni une ni deux, je lui envoyai un « C'est décidé, on se lance » accompagné d'un GIF évocateur de la Reine des neiges, « Libérée, délivrée... ».

OPEN UP

Je m'ouvre aux signes et aux coïncidences qui peuvent m'apporter des réponses, me révéler des besoins jusque-là insoupçonnés et amener du sens dans mon quotidien.

Je veille à bien être dans le moment présent, je fais le vide dans mon esprit.

Je me laisse surprendre : *open your eyes, open your mind* et, bien sûr, *open your thoughts* (« ouvre tes yeux », « ouvre ton esprit », « ouvre tes pensées »), comme nous y invitait la publicité Nescafé. En bref, on s'ouvre au hasard et au destin ! *What else* ?

Je m'exerce avec mon intuition grâce à des jeux de hasard : je décide quelque chose en tirant à pile ou face, j'ouvre la page d'un livre pour avoir une réponse ou une idée, je prends un chemin inhabituel pour aller au boulot ou accompagner les filles à l'école...

20 SEPTEMBRE

DESTINÉES, ON ÉTAIT TOUTES LES DEUX DESTINÉES 1

Au boulot, il y a cette fille avec qui je n'ai pas grand-chose en commun (si ce n'est d'être dotée d'un utérus), l'une de ces femmes énervantes de perfection, que rien ne semble pouvoir ébranler, pas même une averse un jour de brushing. Elle représente tout ce que nous imaginons vouloir atteindre : tout le temps parfaitement apprêtée (si on aime les marques de luxe, #mauvaisefoi), maquillée avec précision (j'avais bien essayé d'imiter son coup de crayon, sauf que, va savoir pourquoi, sur moi cela faisait poufiasse !), jamais un cheveu qui se fait la malle. Carriériste jusqu'au bout de ses talons aiguilles (qu'elle peut porter plus de dix heures d'affilée), elle est entrée chez nous en tant que chargée de relations publiques il y a six mois, et est déjà à la tête du département.

Je me suis rassurée les premières semaines en me disant que ce genre de fille devait être célibataire et n'avoir qu'à s'occuper d'elle, mais j'ai appris pendant une conversation devant une entrecôte au self (elle mangeait une salade de quinoa...) qu'elle avait trois enfants !

Gaya, c'est son prénom, tout aussi énervant de perfection, ne laissait jamais rien paraître. Même dans les périodes de grand rush au boulot. C'est la nana qu'on adorerait détester, mais qui est trop sympa pour que ce soit possible. On a toutes une Gaya dans notre vie... Parfois, je rêve et je me dis qu'après tout moi aussi je suis peut-être la Gaya de quelqu'un. Et puis je me réveille !

Cette femme m'impressionnait par sa façon de gérer les situations de crise. Elle ne haussait jamais le ton. Restait toujours calme. Je l'imaginais avec ses enfants, ne laissant jamais transparaître une once d'agacement ou d'énervement. Tout d'un coup, cela me frappa ! Il nous en fallait une comme ça dans notre groupe. Cette extraterrestre aurait probablement des choses à nous transmettre (a minima, quelques tips beauté).

Je ne savais pas précisément comment l'approcher. C'est ce genre de femme qui en impose et qui te met 20 centimètres dans la vue. Je décidais donc de trouver un terrain neutre, là où une femme reste une femme : les toilettes.

J'avais potassé mon pitch...

* Le rôle de notre groupe
* Notre leitmotiv
* Nos motivations et nos objectifs
* Notre promesse

Étrangement, il m'a suffi de lancer les mots « groupe de filles » et « réunions » pour qu'elle s'exclame : « Oui, super ! » Le territoire menant à la confidence, elle m'expliqua qu'elle n'avait pas beaucoup d'amies filles (tiens donc) et que ça lui ferait très plaisir d'intégrer notre groupe (même si je soupçonnais qu'elle n'avait pas vraiment compris ce pour quoi elle signait) !

« Sois proche de tes ami(e)s, et encore plus proche
~~de tes ennemi(e)s~~ de celles que tu envies...
si jamais elles peuvent te donner quelques tips... »

Alice ~~Francis~~ Ford Coppola

22 SEPTEMBRE

RAPPROCHEMENT(S)

Ce week-end, nous sommes de mariage, et cela me réjouit pour de nombreuses raisons...

- Le champagne, évidemment... à gogo !
- Le fait de pouvoir refourguer les filles à mes beaux-parents pour la nuit...
- L'idée de danser comme à mes 15 ans sur du Britney Spears en prenant des pauses tout aussi suggestives qu'elle (avant son épisode de crâne rasé).
- La projection d'un moment à deux, avec Antoine, car cela doit bien faire un an que ce n'est pas arrivé !
- Ah oui, bon, et le bonheur de mes amis, cela va sans dire !

La seule chose qui a changé pour moi, c'est qu'avant j'aurais glissé dans cette liste de petits bonheurs le fait d'avoir une raison légitime d'investir dans une tenue de bombasse. Mais ça, c'était avant. J'avoue que, depuis l'accouchement, j'ai du mal à me sentir « chez moi ». Mon corps a changé, et c'est normal évidemment, mais le travail psychologique est long, je trouve. Aussi long que ces 3 derniers fucking kilos à perdre.

Mon corps a évolué, je dois l'accepter.

De toute façon, notre histoire est faite de hauts et de bas depuis le début. Parfois, il me vient l'envie de lui écrire, de tout coucher sur le papier, tant il prend de la place dans mon équilibre psychique.

J'ÉCRIS UNE LETTRE À MON CORPS

À Paris, le 22 septembre,

Objet : bilan à mi-parcours de vie

Chère coquille,

À tes côtés, la vie n'est clairement pas un long fleuve tranquille. Nous avons partagé tous types de moments.

Des moments d'apprentissage, quand je découvrais pudiquement ce qu'était ma féminité, un peu étrangement comme quelque chose que je devais cacher, d'ailleurs, et c'est bien dommage. Aujourd'hui, c'est pourtant quelque chose que je revendique fièrement.

Des moments (très) compliqués, à l'adolescence, où clairement nous étions en guerre, au point d'avoir fait de belles bêtises et d'avoir laissé des réflexions de garçons en mal d'affirmation me dicter la conduite que je devais avoir envers toi. Aujourd'hui, je voudrais m'excuser de t'avoir fait tant souffrir. Mais voilà, comprends qu'à cet âge où l'on se construit, où le corps que tu as dicte ta « coolitude » dans un groupe de congénères intransigeants, il n'est pas facile d'avoir du recul. D'ailleurs, l'idée que mes filles traversent un jour ces moments de trouble me terrifie.

Des moments du quotidien, par exemple ce matin où je te trouvais franchement pas mal, au point de pavoiser dans la rue avec une allure chaloupée. Et le lendemain, tu m'agaçais parce que clairement rien ne t'allait !

Des moments de solitude, quand nous nous essayions à la conception des filles mais que tu avais l'air d'en avoir décidé autrement.

Des moments de célébration quand, ENFIN, tu me permettais de laisser la vie éclore en moi (j'ignorais alors à ce moment qu'il s'agirait de deux vies).

Des moments de dépassement pendant l'accouchement des jumelles, moments où, je dois te l'avouer, je ne pensais pas que nous serions capables d'accomplir une telle chose.

Des moments, dans les mois qui suivirent cet heureux événement, où j'ai cru t'avoir perdu à tout jamais. Ne plus parvenir à m'asseoir sur une chaise, à porter un pack de litres de lait. Encore aujourd'hui, il m'est insoutenable de regarder une gymnaste réaliser un grand écart.

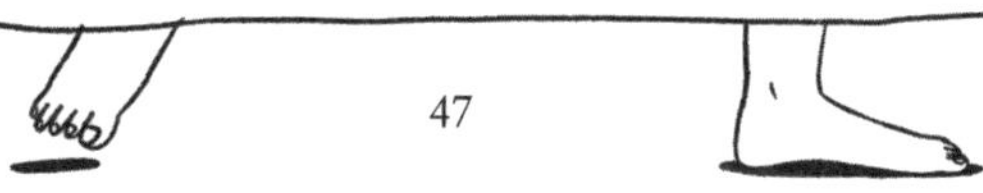

Des moments déroutants, d'osmose, de grande fatigue, d'accomplissement, de fierté... Un joli pêle-mêle d'émotions !

Je crois qu'avec toi ce sera les montagnes russes jusqu'au bout ! Quand je l'aurai enfin accepté, tout sera plus simple ! Je te promets en tout cas, et ce dans toutes situations, de te vouer un profond respect et de tâcher d'être un peu plus indulgente. Et j'en profite aussi pour te remercier de me « porter » au quotidien et de m'accompagner dans chacune de mes folies (comme les *Macarena* effectuées entre 1997 et 2002...).

Je terminerai ainsi par les mots forts de Sheila : « Où tu iras j'irai, fidèle comme une ombre... »

Veuille agréer l'expression de mes sentiments dévoués.

Bien à toi,

Bisous

Alice

Ces réflexions me menèrent donc naturellement vers un choix de tenue qui ne me mettait évidemment pas en danger, mais permettait tout de même de célébrer ma féminité : la fameuse petite robe noire.

Je savais qu'Antoine m'adorait en noir, cela avait fini de me convaincre. C'était le moment ou jamais ! Je pensais bien reconquérir mon partenaire, lui rappeler simplement que je n'étais pas qu'une mère...

Ne voulant prendre aucun risque, et étant proche de ma période d'ovulation, j'avais décidé d'aller faire le plein de préservatifs à la pharmacie. Je n'étais pas coutumière de ce genre d'achats, que je déléguais d'habitude à Antoine. Du coup, on aurait sérieusement dit une gamine de 15 ans qui achetait sa première boîte. Pour que l'achat passe inaperçu, j'avais pris trois boîtes de Doliprane en plus. À la caisse, je dégoulinais à grosses gouttes, j'étais rouge écarlate et essayais de fuir le regard de la vendeuse, qui n'en avait strictement rien à faire. En rentrant à la maison, je devais juste trouver une cachette pour qu'Antoine ne tombe pas dessus et ne se fiche pas de moi.

Ne me restait plus qu'à choisir astucieusement les accessoires pour ce plan de reconquête amoureuse.

23 SEPTEMBRE

WEDDING DAY

Eh bien, crois-le ou pas, mais sainte Spontanéité a frappé à notre porte, et cette fois elle n'apparaissait pas sous la forme d'un virus… Avant de partir pour le mariage, alors qu'Antoine rentrait tout juste de déposer les filles chez ses parents et que j'avais la tête dans les valises, il tomba sur mes « accessoires ». Encore une fois, je rougis comme une ado qu'on venait de pincer une clope à la main. Il trouva ma réaction si mignonne qu'il m'enlaça tout en se moquant de moi gentiment. Une chose en entraînant une autre, on finit par se rappeler qu'il était un homme et moi une femme.

Ça nous a mis en retard et permis de rejouer la mythique scène du « Putain, oh mais putain » de *Quatre mariages et un enterrement* si bien interprétée par Hugh Grant et Charlotte Coleman, et ce de A à Z : de la voiture qui ne démarre pas à la mauvaise route et aux tenues brouillonnes. Cela ne m'empêcha pas de verser ma petite larme dans les trois minutes qui suivirent notre arrivée à la cérémonie. Ils étaient beaux, ils étaient amoureux, ils étaient prêts à tout l'un pour l'autre. Cela me remettait en mémoire toutes les promesses que nous nous étions faites il y a quelques années, Antoine et moi ! Je me rappelle qu'à l'époque un terme comme « adversité » signifiait pour moi quelque chose de tragique, comme une longue maladie. Je ne pensais pas à l'adversité du quotidien, à la difficulté de rester soudés avec les années qui effritent et testent l'amour. Cela m'a permis de remettre les compteurs à zéro, et m'a donné envie de me battre pour ce qu'on avait réussi à construire, cette jolie famille, ces fous rires et ces engueulades, qui montrent aussi à quel point on tient les uns aux autres. Je me disais que, même si dans notre quotidien ce n'était pas toujours rose, je vibrais toujours pour cet homme, et c'était bien là l'essentiel.

Une fois la cérémonie terminée, nous nous sommes rendus sur le lieu de la fête, situé à une centaine de mètres à pied. C'était l'occasion pour moi de prouver à Antoine qu'il avait eu tort d'essayer de me convaincre de prendre mes ballerines (gardées au chaud dans le coffre pour le dancefloor) : je me débrouillais franchement très bien pour traverser ce champ sur mes talons aiguilles de 12 centimètres. Inutile de préciser que, quand mon escarpin a délicatement « fleureté » avec une bouse de vache, je me suis dit que j'aurais dû l'écouter. Mais, tête de mule que je suis, et voulant flamber auprès de mes copines avec ma paire rétro dégotée sur une brocante, j'ai évidemment feint l'indifférence.

Ne me restait plus qu'à trouver le bar à champagne. En partant à sa recherche, aussi fébrilement qu'un enfant attendant son chocolat, je découvris la présence de trois jeunes femmes qui couraient dans tous les sens. Je crois qu'on appelle ça des *wedding planners* (l'anglais est toujours plus chic que le français « organisatrices de mariage »). J'avais découvert ce métier dans un film de J.LO. Les wedding planners gèrent le plus beau jour de la vie des femmes. En somme, elles sont garantes de leur bonheur. Mon esprit vif, stimulé par les bulles de champagne (j'étais parvenue à trouver le bar), me fit penser à quelque chose : il nous en fallait une dans notre team, dans notre groupe d'intervention. J'avais repéré celle qui semblait être le leader de l'équipe. Je la voyais virevolter dans tous les sens avec un sang-froid impressionnant ! Cerise sur le wedding cake, elle gérait les conflits avec la belle-mère d'une main de maître. Ses compétences pourraient clairement nous être utiles.

Je décidai d'en savoir un peu plus sur elle et de tenter de l'alpaguer quelques instants.

Moi : « Dites donc, c'est un sacré métier que vous faites là ! » Je n'avais pas trouvé d'accroche plus originale : ma troisième coupe commençait à me ramollir le cerveau, et je reste persuadée que je suis toujours sujette au baby brain.

La wedding planner, un peu pressée mais polie : « Merci, merci. C'est un métier passion avant tout. »

Moi, essayant d'en savoir plus sur sa vie : « Ah oui, vous êtes fan de mariage ? »

La WP, un peu embêtée par mes questions mais toujours polie : « Ah non, pas du tout ! Moi, je suis célibataire, mais j'aime bien me dire que je contribue au bonheur des autres. Cela me rend heureuse. Et puis, ça nécessite d'être organisée, de gérer la pression. J'aime cet aspect challenging. » Sans le savoir, cette jeune femme avait tout compris puisqu'il est statistiquement prouvé que contribuer au bonheur des gens rend aussi plus heureux.

Clairement, elle devait intégrer notre squad, mais je sentais que l'instant était mal choisi pour lui parler de nos projets. Elle était dans le feu de l'action. Je lui demandai donc sa carte, prétextant l'organisation de la divorce party d'une amie. Nous avons convenu d'un point téléphonique dès le lendemain, c'est là que je balancerai la patate chaude et que je lui proposerai d'intégrer notre groupe.

Au fond de moi, j'avais la ferme conviction que nos routes allaient se recroiser. Sur un élan d'excitation, je lui claquai la bise, ce qui sembla la déstabiliser quelque peu, puis je partis rejoindre Antoine pour profiter de la suite de cette parenthèse enchantée.

HIPS
WEDDING PLANNER

26 SEPTEMBRE

1re RÉUNION DES WVENGERS : LE 1er JOUR DU RESTE DE NOS VIES

Voilà, on avait fait le plus dur. Nous avions réuni ce petit groupe de femmes, d'univers et d'horizons différents. Pour ce premier rendez-vous, Delphine nous avait trouvé un café green qu'elle affectionnait. Nous étions entourées de plantes et de verdure, ce qui conférait à cette réunion un petit côté intimiste, voire secret, que j'aimais beaucoup !

Il y avait donc Charlie, initialement Charlotte, mais elle tenait à ce qu'on la prénomme ainsi. « Moins girly », avait précisé cette wedding planner et entrepreneuse, reine de l'organisation, de la gestion de la pression et des plannings millimétrés... quand il s'agissait de la vie des autres. Suite à mon appel l'invitant de façon un peu cavalière à rejoindre l'aventure, elle s'était laissée aller à la confidence en m'expliquant qu'elle n'arrivait pas du tout à trouver l'équilibre entre vie professionnelle et vie personnelle. Elle était bouffée par son travail, et paraissait en souffrir. En plus, elle avait droit à toutes sortes de réflexions du genre : « Tu n'as pas d'enfants et tu n'as pas de temps pour toi ? » Ça l'agaçait, évidemment, et ça la fragilisait dans ses choix... Pourtant, ce n'était pas son genre de se confier. Elle avait manifestement un fort caractère, que j'avais découvert quand elle m'avait dit : « Je trouve ça sympa, votre idée de groupe, mais seulement si cela ne devient pas des réunions à la *Desperate Housewives.* J'ai assez à faire comme ça avec mes "bridezillas". »

Je l'avais rassurée en lui expliquant qu'il était ici question de solidarité féminine, d'échanger les unes avec les autres et de s'entraider sur nos problématiques quotidiennes. Elle avait acquiescé discrètement, ce qu'avec mon optimisme légendaire j'interprétai comme un élan d'excitation face à ce projet.

Il y avait aussi Gaya, ma collègue toute de perfection. Je ne tardai pas à découvrir chez elle de nouvelles facettes, comme le fait qu'elle soit une InstaMum chevronnée. Je l'avais vite compris quand elle m'avait proposé de faire une story de notre première rencontre. J'avais poliment décliné l'invitation. Je ne sais pas pourquoi, mais je voulais qu'on garde un caractère un peu secret à ces rendez-vous. À la découverte de son compte IG, @Jewellery75, je m'aperçus que j'avais fait fausse route la concernant : sa vie semblait encore plus parfaite que ce que j'avais imaginé !

Et puis, il restait Delphine et moi. Plus je la découvrais et plus je m'apercevais qu'elle était une grande sensible, limite angoissée chronique. Peut-être encore plus que moi, c'est dire ! Elle jonglait en permanence avec son agenda et son Smartphone, collé à la paume de la main qu'elle dédiait aux infos importantes. Ses deux mains étaient recouvertes de mots, comme « dentiste Marin », « rendre livres bibli »...

J'avais un instant pensé à intégrer mes copines à ce projet, mais, n'étant pas encore bien certaine de la direction que nous prenions, je préférais attendre un peu. D'ailleurs, il est plus facile de se livrer auprès d'inconnues, je crois.

Une fois les présentations faites, nous avons posé le cadre « technique » de nos rencontres. Par exemple, pour chaque réunion nous choisirions tour à tour un endroit qui nous inspire, nous ressource. Ça pouvait même être chez nous. Ensuite, pour éviter que ces rencontres ne se transforment en meetings de *desperate housewives*, comme le craignait Charlie, nous avions décidé qu'il y aurait un thème à chaque fois, pour lequel il faudrait trouver des solutions ou des pistes de réflexion. On est parties sur l'idée d'une réunion par mois, même si cela paraissait un peu ambitieux vu nos agendas de « premières Dames », mais le groupe WhatsApp restait un lieu d'échange ouvert à toutes !

Ensuite, nous avons évidemment échangé sur ce qui allait constituer l'essence de notre petite troupe, chaque groupe célèbre partageant un feu sacré.

* Les suffragettes : leur combat pour obtenir le droit de vote des femmes.
* Carrie, Samantha, Charlotte et Miranda : la quête d'une vie sentimentale épanouissante.
* Les Spice Girls : ~~la musique~~ leur mauvais goût...

Nous, les WVengers, ce que nous voulions, c'était libérer le quotidien des femmes, le simplifier ! Que chacune arrête de se vouer à ce culte de la perfection et accepte simplement d'être une femme « normale ». Qu'on envoie une fois pour toutes balader ce syndrome de la Wonder Woman, de celle qui jongle entre vie professionnelle et vie personnelle sans transpirer d'une goutte, sans broncher, en trouvant le temps de préparer un jus de goyave pour le petit déjeuner de ses bambins. On voulait mettre nos capes au placard et, quand on se sentait dépassées, fatiguées, ne pas avoir peur de le crier sur les toits. On voulait aussi pouvoir célébrer les petites victoires du quotidien, se dire quand on se kiffait et l'assumer ! C'était avant tout un groupe de partage et d'entraide.

J'ai alors décidé de partager avec elles une vidéo qui résonnait parfaitement avec nos propos et qui m'avait touchée au vif ! Je crois qu'à l'origine il s'agissait d'un spot publicitaire anglais pour un spa. Le message de ce spot invitait les femmes à prendre du temps pour elles (quelle drôle d'idée 😉) et à « faire moins... mais être plus ».

L'originalité de message, c'est qu'il était porté par cinq femmes âgées de 55 à 82 ans (dans l'esprit Golden Girls) ! Elles expliquaient qu'aujourd'hui nous vivons dans un monde de pression constante et de quête de perfection, et que nous avons une légère tendance à oublier la magie de certains moments de notre quotidien, comme quelques pas endiablés sur un dancefloor ou encore un câlin de bonne nuit à nos enfants. Cette vidéo, c'était avant tout une invitation à vivre le moment présent et à montrer plus de bienveillance envers soi-même ! L'émotion de l'équipe était palpable. Les gorges étaient serrées. Je proposai alors de clôturer cette première séance avec un rituel...

C'est magique : se débarrasser de ses soucis et aller de l'avant (moi qui avais toujours rêvé de faire partie de la team des *Ensorceleuses*, avec Sandra Bullock et Nicole Kidman)...

3 OCTOBRE

SI ON M'AVAIT DIT...

Depuis quelques années (appelons ça l'âge de la maturité), j'ai compris que ma vie de femme serait jalonnée d'événements imprévisibles et qu'il me faudrait faire preuve de flexibilité, que le mouvement ferait partie intégrante de mon quotidien, que je n'aurais plus que rarement des certitudes et que je devrais rebondir, qu'importent les événements ou les obstacles qui viendraient se dresser sur ma route.

Ce matin, un SMS est venu percer ma petite bulle. Ma sœur, d'un an mon aînée, mon roc, vacillait.

Nous avons toujours été très proches avec Marine, à tel point qu'on nous prenait souvent pour des jumelles. Je dois dire aussi qu'on s'est encore rapprochées depuis que moi aussi je suis devenue mère et que nous partageons le même quotidien. Elle a également deux enfants, Juliette et Timothée. C'est donc tout naturellement à moi qu'elle s'est confiée.

Elle sortait d'un rendez-vous médical chez son gynécologue qui lui demandait de faire des analyses à cause d'une grosseur au sein découverte le matin même sous la douche. De caractère, nous sommes faites du même moule : nous essayons de mettre un peu d'humour dans les moments difficiles. Son texto se concluait sur : « Le pire, c'est que pour une fois que je prenais un peu de temps pour moi sous la douche, je me suis fait réprimander par Timothée pour le gâchis d'eau. »

Je sentais bien néanmoins que, même si elle était de nature mesurée et optimiste, elle perdait littéralement pied. Je me devais donc d'être là pour elle, elle qui m'avait guidée dans la période la plus trouble de mon existence, le premier mois de ma vie de mère.

Quoi qu'il en soit, c'était aujourd'hui à moi de trouver les mots réconfortants. Je lui ai donc proposé de me rejoindre à l'heure de déjeuner. Je n'ai même pas eu à lui expliquer ce que nous allions faire, elle était déjà « en tenue ». Notre look, c'était notre legging fuchsia (celui qu'on nous imposait de porter au collège et qu'on avait ressorti dans l'idée de se libérer du regard des autres), notre tee-shirt « Friend Mother Sister Brave Dreamer Brilliant Woman », shoppé chez Stradivarius, et une paire de baskets. C'était notre petit rituel « même pas mal » à nous. On s'est retrouvées à l'heure du cours de boxe *Chez Simone*, un espace de bien-être dédié aux femmes, et on a tout donné ! On a tout lâché ! Je n'avais jamais vu Marine frapper avec autant de hargne, et je n'avais évidemment pas besoin de lui demander ce qu'elle visualisait. Je me joignis juste à elle dans ce combat !

La suite du rituel voulait qu'on aille « s'hydrater » devant un bon verre de blanc. Conscience professionnelle oblige, on a épongé le tout avec un hamburger avant de retourner à nos jobs respectifs.

Même si c'est pour du court terme, j'ai senti Marine dans un mood combatif, et ça m'a rassurée ! En espérant évidemment que tout cela ne soit qu'une fausse alerte !

4 OCTOBRE

CE QUE J'AURAIS AIMÉ QU'ON ME DISE…

Dans cette période de trouble, j'ai repensé à la dernière fois où il m'était arrivé de perdre tous mes repères, de me sentir complètement perdue : l'arrivée des jumelles, naturellement.

Je me suis toujours demandé s'il y avait un genre de pacte conclu par des générations de femmes pour te cacher ce qui se passe vraiment à ce moment. Je ne parle pas spécialement de l'accouchement, aucune femme n'étant logée à la même enseigne pour ça (nul besoin de te préciser que je suis de celles qui accouchent en 20 heures, épisio et déchirement à la clé), mais de cet après, de cet instant, de la baffe que tu reçois quand tu comprends que ta vie vient de changer à tout jamais.

Le mot « responsabilité » vient aussi prendre un tout autre sens. Nous étions désormais responsables de deux vies. Moi, la distraite, la femme qui ne traverse jamais sur un passage piéton. Je troquerais désormais mon deux-roues (ma trotinette) contre un quatre-roues, puisque chacun de mes déplacements se fera avec une poussette lovant deux vies… Cela m'avait frappée lors de ma toute première sortie avec les filles, quand, un peu dans le coaltar, j'avais omis de mettre le frein sur la poussette au feu rouge. Le temps de remettre une mèche rebelle dans ma chevelure (les cheveux sous hormones, un vaste sujet), et je voyais déjà la poussette s'avancer sur la route. Heureusement, j'ai eu la vivacité d'esprit de lâcher ma mèche pour récupérer la poussette, mais quelle émotion !

Je dois te dire en tout cas que, à cette étape charnière, ma sœur n'avait eu que des mots rassurants, des mots que chaque femme devrait entendre à ce moment de sa vie.

♥ **Tu vas retrouver ta vie d'avant**. Pas tout de suite, mais ça reviendra.

♥ Tu pourras te sentir **complètement démunie**, puis totalement **euphorique** la seconde qui suit. C'est normal !

♥ **Tu seras en mesure de te rasseoir** sur une chaise sans grimacer un jour. En revanche, tu devras toujours être vigilante quand tu rigoles ou quand tu éternues (celles qui savent... savent !).

♥ Tu as le droit de pleurer, de crier, **de vivre tes émotions** (si je dois compter le nombre de fois où je suis allée pleurer sous la douche pour qu'Antoine ne m'entende pas...).

♥ Les gens auront toujours quelque chose à dire sur ta manière de porter, de nourrir, de changer ou de bercer ton enfant, et il va falloir **apprendre à t'en foutre.**

♥ Il ne se passera pas un jour sans que tu aies peur, mais tu apprendras à **vivre avec**.

♥ Ne demande pas à ton compagnon de comprendre **ce que tu traverses**, c'est impossible.

♥ Tu pourras utiliser **l'excuse des hormones** pour légitimer ta mauvaise humeur un bon bout de temps (dix mois non stop pour moi, et il m'arrive encore aujourd'hui de prétexter une poussée d'hormones).

Ces huit points que ma sœur m'avait énumérés tel un kit de survie m'ont permis de ne pas sombrer ! Du bon sens, tu me diras ? Oui, peut-être, mais quand il s'agit de notre progéniture, comprends bien qu'il est impossible, je dis bien IMPOSSIBLE, de prendre du recul.

Tu paniqueras à cause d'une rougeur dans le nombril que tu interpréteras, le manque de sommeil aidant, comme un début d'infection qui mènera forcément ton enfant à une pathologie grave. S'ouvrira alors le grand débat interne qui rythme la vie de chaque parent : pédiatre/pas pédiatre, urgences/pas urgences. Et ce débat sera très souvent envenimé par le fait que tu n'es évidemment pas d'accord avec ta moitié. Épuisée, tu essayeras ensuite de te dédouaner de toute prise de décision par un subtil : « Bon, très bien, si tu es sûr de toi, on ne l'amène pas chez le pédiatre, alors... » Et tu auras bien fait puisque, dans les faits, il ne s'agit ici évidemment que d'une rougeur au nombril. Bref !

7 OCTOBRE

COMME UNE ENVIE DE LIBÉRER LA PAROLE DES FEMMES

Quelques jours plus tard, j'ai ressenti le besoin d'échanger avec le groupe par messages sur ce que traversait ma sœur. Peut-être parce qu'elles avaient plus de distance que certaines de mes amies, qui connaissaient bien Marine. Je leur relatai mes craintes, mes angoisses face à ce fléau, cette fucking maladie qui semble toucher de plus en plus de monde... de femmes... de plus en plus tôt. Et cette difficulté à en parler.

Le cancer semble être sur la liste des sujets tabous, des maux à ne jamais évoquer, des maladies dont il faudrait presque cacher qu'on en est atteint. Beaucoup de femmes traversent ces épreuves, mais on n'en parle jamais vraiment. Je comprends tout à fait que l'on veuille se préserver, mais je me dis parfois que si nous évitions de mettre un voile sur ce genre de période difficile que nous traversons toutes à un moment ou un autre, qu'importe la forme, cela nous permettrait de comprendre que nous ne sommes pas seules.

Delphine a été d'une finesse absolue. Elle a trouvé les mots justes et réconfortants : « Tu ne peux pas traverser cette épreuve à la place de ta sœur. Tu te sentiras probablement maladroite dans tes mots, tu penseras ne pas être à la hauteur, parfois tu en feras trop, et souvent, pas assez... Pourtant, n'oublie jamais qu'on fait comme on peut ! C'est déjà énorme. Ta sœur sait qu'elle peut compter sur toi, et c'est là l'essentiel. » Charlie a réagi comme je l'attendais, en mode combatif : « T'inquiète, Alice, elle va lui faire la peau, à cette grosseur. Et puis, ce n'est probablement rien. »

Ces échanges m'ont fait du bien, et mettre des mots dessus a allégé mon esprit.

8 OCTOBRE

MOOD DU JOUR

Une AMIE est une COUVERTURE de *survie*, une BONBONNE d'oxygène.

FLORENCE SERVAN-SCHREIBER

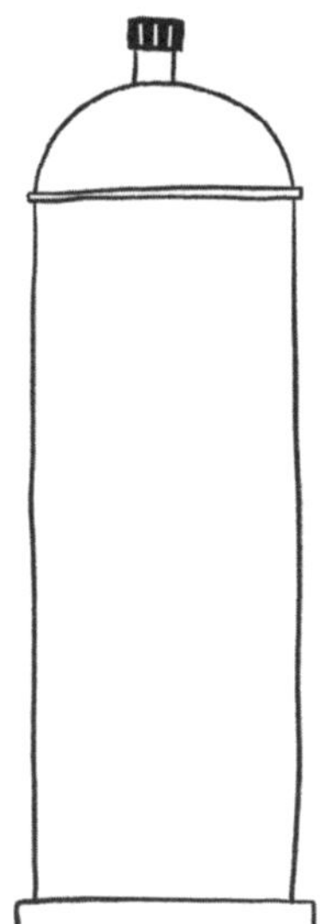

10 OCTOBRE

VCDM × TBDD

En ce moment, je suis particulièrement sujette à ce que j'appelle des VCDM, vilains coups de mou. Coïncidence ou pas, ils apparaissaient systématiquement pendant le terrible TBDD, le tunnel bain-dîner-dodo !

C'est ce moment de ta journée où tu reviens du boulot, rincée, et où tu dois encore trouver la force intérieure d'affronter 2 heures (environ) de flou artistique. Ce moment où tu dois jongler entre des instants de pure émotion et d'amour quand ta progéniture te glisse dans la main ce qu'elle estime être un portrait de toi (même si tu as une forte envie de lui demander pourquoi tes courbes ressemblent à celles d'un tronc d'arbre) et des périodes de chaos quand tu mets 15 minutes à la pousser dans le bain et 20 minutes à l'en faire sortir. Ce moment pendant lequel tu reçois LE texto « d'encouragement » : « Ça va à la maison, chérie ? Je suis bloqué au boulot, mais je serai là pour 20 heures, promis » (autrement dit après la bataille ou, pire, juste pour l'histoire du soir).

À ce moment, je me demandais toujours comment ne pas me transformer en mère-femme acariâtre. Je décidais d'envoyer un SOS aux WVengers sur le groupe WhatsApp. J'attaquai avec humour : « Coucou les girls, c'est quoi votre astuce pour ne pas sombrer face au TBDD ? » J'ai senti que j'avais touché une corde sensible car, dans la minute, j'ai reçu plusieurs textos des mums du groupe, qui voyaient très bien ce à quoi je faisais allusion. Delphine me répondit avec humour un GIF de Lynette Scavo, de *Desperate Housewives,* en train de se descendre une bouteille de vin à côté de ses jumeaux qui brayaient.

Je me laissai aller un peu à la confidence et leur expliquai ma méthode d'esquive infaillible, celle que je mets en place quand je suis vraiment à bout...

Une fois que j'ai retrouvé les filles, j'attends... je guette... Dès le premier faux pas (en général, je n'attends pas plus de 5 minutes), je joue la mère outrée de leur comportement. Je fais la grande scène du quatre en remuant les bras et en parlant très fort. C'est complètement disproportionné, mais ça marche ! Le déclencheur peut être une broutille, un mot un peu trop haut. La dernière fois, j'avoue même avoir prétendu entendre un « merde » dans la bouche de Clémence (ce dont je n'étais pas vraiment certaine...).

Je les expédie alors direct au lit, même s'il est 19 heures ! C'est un acte 100 % égoïste, mais voilà, parfois je suis tellement épuisée que j'opte pour la fuite !

Cela dit, c'est un double win, qui me permet d'asseoir mon autorité et de me faire le replay de *The Voice* !

J'expliquai au groupe qu'en règle générale ça m'embêtait d'être tendue avec les filles dans ce qui devait être notre moment d'échange de la journée.

Gaya, dont je commençais à cerner l'appétence pour tout ce qui touchait à l'éducation positive, nous a répondu de manière aussi laconique qu'énigmatique : « The Secret of Happy Families, de Bruce Feiler. » Ne voulant pas montrer mon ignorance, je cherchai vite de quoi il était question ! Il semblait s'agir d'un genre de manuel de parenting.

Je voyais en parallèle que Gaya était en train de composer un message : « Le livre explique qu'un simple repas en famille, en laissant place à des échanges et à une écoute active, aura un impact positif sur les enfants : une plus grande confiance en eux et un meilleur vocabulaire. » Je la sentais très investie sur le sujet. D'ailleurs, elle continuait d'écrire...

À TABBBLLLLEEE*

Je troque les conversations superficielles des repas, comme les classiques « Ne mange pas la bouche ouverte » ou «C'est assez chaud ? » par 10 minutes de discussion de qualité.

J'enclenche par quelques questions pour amener les enfants à se livrer en douceur. On peut échanger sur un joli moment passé ou à venir, comme nos futures vacances, sur ce qui leur plaît en ce moment à l'école, les activités qui les intéressent. **On prend le temps d'évoquer ensemble des sujets encore jamais abordés.**

Je laisse mes enfants parler le plus possible, au moins la moitié du temps. Nous, les adultes, on a quelque peu tendance à monopoliser la conversation.

J'enrichis leur vocabulaire d'un nouveau mot à chaque repas. Hier, on a parlé de « pipistrelle » et de « cacatoès ». Je savais que ça les ferait rire.

*Avec l'intonation de Fabienne Lepic dans *Fais pas ci, fais pas ça.*

Elle nous expliqua que, même si ce n'était pas toujours évident, elle tâchait de mettre de côté stress, crises et coups de fatigue des uns et des autres pour profiter d'un moment convivial. Intérieurement, je pensais que la solution parfaite devait se trouver entre le conseil de Gaya et le GIF de Delphine : un repas avec un verre de vin !

Trois heures plus tard, on avait un petit message de Charlie : « Excusez-moi, j'étais sur un événement ? C'est quoi votre TBDD ? Un virus ? »

Avec un 😊, je lui répondis que ce n'était pas un virus mais que ça pouvait t'achever de la même façon !

15 OCTOBRE

2e RÉUNION DES WVENGERS : LES MAINS DANS LE CAMBOUIS

Nos derniers échanges WhatsApp avaient pour ainsi dire « posé » le thème de cette nouvelle réunion : comment désencombrer notre quotidien, se simplifier la vie.

C'était Charlie qui avait choisi le lieu. Elle nous avait invitées dans ce qu'elle appelait son antre, à savoir son showroom. C'était un lieu magnifique, niché sur les hauteurs de Montmartre, un ancien atelier d'artiste qu'elle avait aménagé avec goût pour son activité.

Afin d'attaquer cette séance, et puisque j'avais tout de même « bachoté », je voulais rappeler aux filles que nous n'étions pas là QUE pour créer des tote bags et des mugs à notre effigie. Je décidai donc d'attirer leur attention (dirigée sur le choix du coton bio ou non de nos sacs) par un chiffre fort : « Mesdames, je tiens tout de même à vous alerter par quelques chiffres. D'après une étude finlandaise datant de 2015, nous sommes près de 47 % d'intégrateurs ! Les jambes vous en tombent, avouez-le ! »

Aucune d'entre elles ne semblant vouloir me demander ce qu'était un intégrateur, je poursuivis donc : « C'est-à-dire que nous sommes presque la moitié de la population à ne pas séparer notre vie privée de notre vie professionnelle ! Seulement 18 % parviennent à dissocier ces sphères, tant physiquement que psychologiquement, les si bien nommés "séparateurs". Inutile de dire, Mesdames, que ces derniers sont plus épanouis, plus zen et plus confiants que la moyenne. »

Les mots « épanouis » « zen » et « confiants » finirent enfin par attirer l'attention de mon auditoire.

Charlie, avec beaucoup de délicatesse comme toujours, me demanda : « Où est-ce qu'on signe ? Je veux bien

être un séparateur, moi ! » Je lui expliquai que si j'avais les réponses au moment M, je ne serais pas à leurs côtés, et que, justement, l'ambition de notre crew c'était qu'on travaille là-dessus et qu'on trouve des pistes ensemble.

Sans le savoir, Gaya lança ce qui serait notre premier brainstorming : « Moi, je pense qu'il faut juste arrêter avec le multitasking ! Le switching, quoi ! C'est la clé. »

Delphine, un peu gênée, m'expliqua dans le creux de l'oreille qu'elle ne parlait pas anglais et me demanda de traduire.

En faisant un rapide tour de table, on s'aperçut en effet qu'on avait toutes une nette propension à mélanger nos sphères de vie, à faire des choses personnelles au travail et vice versa. J'étais la reine pour passer une heure au boulot à chercher une baby-sitter pour les filles et, une fois à la maison, à rattraper mon retard pris sur le boulot.

Charlie nous expliqua qu'en tant qu'entrepreneuse c'était sa spécialité : « Pour moi, il n'y a clairement pas de barrières entre ma vie pro et ma vie perso, et je pense aussi que c'est ce qui explique que j'ai du mal à me stabiliser dans une relation sérieuse. Je ne laisse pas de place pour ça. » Elle, qui n'était pas du genre à se confier, avait l'air très sensibilisée au sujet.

Pour briser le silence, Delphine lança : « Je pense aussi qu'on doit revoir nos exigences à la baisse ! Accepter qu'on fait ce qu'on peut. Qu'on ne peut pas être partout à la fois. »

J'apportai ma pierre à l'édifice de cette arme anti-charge mentale en leur parlant de ma rencontre avec ce qui s'appelle le « minimalisme », un courant qui consiste à vivre avec moins et à se défaire des choses inutiles. Pour moi, cela avait été un électrochoc. Plus je libérais de l'espace chez nous, plus cela faisait le ménage dans mon cerveau. J'invitai les filles à regarder le reportage : *Minimalism: A Documentary About the Important Things.*

Je leur promis que c'était un joli point de départ pour désencombrer leur esprit, et essayai de résumer tous ces propos évoqués sur un grand board que j'avais trouvé au centre de la pièce...

KEEP IT SIMPLE (AND FUNKY)

J'arrête de tout mélanger : j'essaye de délimiter au maximum mes sphères de vie en dédiant des plages horaires spécifiques. Par exemple, si je dois traiter quelques mails professionnels le soir à la maison, je me donne un créneau horaire spécifique et une durée établie pour ne pas déborder. Cela m'évitera de composer un mail tout en préparant le dîner et de signer « bisous » à mon boss #WinWin. Ensuite, je n'y reviens pas avant le lendemain matin.

Je fais comme je peux : je revois mes exigences à la baisse en acceptant que je ne puisse pas être partout, tout le temps. Pour cela, j'essaye de me fixer des objectifs réalisables, à ma portée. Je ne fais pas ma Wonder Woman. Et j'apprends à déléguer auprès de mon compagnon et de mes filles : mettre la table, rassembler les chaussettes... à chacun sa mission.

Less is more : je désencombre mon lieu de vie pour faire de la place dans ma tête. Je passe tous mes objets au « love scan » et, comme le préconise Marie Kondo, papesse du rangement, je les garde s'ils me transmettent des ondes positives, et je m'en débarrasse sinon. NB : je n'ai le droit de me prêter à cet exercice que sur mes effets personnels ; je ne jette pas à la poubelle la collection de maillots de foot de mon mari sous prétexte que je ne sens rien si ce n'est l'odeur de transpiration.

On a décidé d'un commun accord de terminer ce meeting comme le premier en écrivant sur un papier notre grande contrariété de la semaine, de la lire à haute voix (si on le voulait) et de la brûler sur *This Girl Is On Fire.*

Delphine a ouvert le feu (sans mauvais jeu de mots) : « J'ai fini avec une tranche de jambon sur la tête. » On n'était pas là pour se juger, mais on avait un peu de mal à comprendre. Gaya lui demanda si c'était une nouvelle tendance beauté dont Gwyneth Paltrow était l'instigatrice.

« Non, non, je me suis vraiment retrouvée avec une tranche de jambon sur la tête. Mon fils ne voulait pas la manger, alors il me l'a envoyée en pleine figure... » On essayait de ne pas rire, car cela semblait vraiment toucher Delphine, mais en visualisant cette scène c'était compliqué !

Charlie a pris le relais : « J'ai dit à une de mes clientes que c'était un miracle qu'elle ait trouvé un homme qui veuille passer sa vie avec elle tellement elle est chiante. »

Je me mouillai : « Je me suis encore laissée avoir par mon syndrome de la Wonder Woman en proposant de coudre les costumes de la pièce de l'école. Le hic ? Je ne sais pas faire un ourlet. C'est comme la fois où j'ai prétendu avoir fait un gâteau pour l'école alors qu'il s'agissait d'un dessert Picard subtilement glissé dans un plat de la maison. Je voulais juste impressionner les autres mamans. »

Gaya, la voix vacillante : « Je suis fatiguée... Épuisée... Je me sens vidée de toute énergie. Je ne sais plus où trouver les ressources nécessaires pour affronter chaque journée. On m'appelle la femme-robot parce que, si je ne me mets pas en mode automatique, je vais bel et bien m'écrouler. » Elle avait les larmes aux yeux. On était toutes déstabilisées par cette déclaration. Sa froideur naturelle nous empêcha de l'inciter à nous en dire plus. Je lui pris juste la main en signe de soutien. Elle eut l'air étonnée par mon geste d'affection.

Sur cette petite touche d'émotion, on a clôturé la réunion.

♥

20 OCTOBRE

«VACANCES» SCOLAIRES

Les vacances de la Toussaint sont déjà là !

Il fut un temps où « vacances » rimait avec « repos »... Mais ça, c'était avant ! Je suis toujours étonnée de la vitesse à laquelle ELLES reviennent à chaque fois. À peine tu as défait les sacs, rangé les valises et alimenté ton feed Instagram de photos pour provoquer la jalousie de tes followers que, patatras, elles sont de retour !

En plus, cette année, j'avais proposé à ma sœur Marine d'embarquer ses enfants quelques jours avec nous. Comme si partir à quatre n'était pas déjà assez challenging. Ses résultats d'analyses traînaient. Elle devait faire une flopée de tests complémentaires qui risquaient de prendre un peu de temps, et cette phase d'attente était très difficile à gérer pour elle. On voulait, avec Antoine, l'encourager à prendre quelques jours pour elle avec son mari.

Laure et Clémence étaient surexcitées à l'idée que leurs grands cousins, Timothée (10 ans) et Juliette (6 ans), se joignent à nous. Avec Antoine, on se sentait comme avant la bataille de Winterfell contre les marcheurs blancs dans *Game of Thrones*. On savait qu'on était en infériorité numérique, qu'on était moins forts et qu'on n'en reviendrait peut-être pas vivants, mais on allait se battre, ne rien lâcher !

Après avoir attaché les 4 ~~monstres~~ enfants galvanisés dans la voiture, on s'est retrouvés dehors, sans un bruit. On a profité de ce dernier moment de calme, on a fait le plein d'énergie... et puis c'était parti !

Heureusement, j'avais anticipé et demandé quelques conseils à Gaya, habituée aux vacances en mode famille nombreuse. Certains d'entre eux pouvaient paraître un peu extrêmes, mais j'ai compris, après, que c'était l'expérience qui parlait : « Si tu prévois de partir un peu tôt, je te conseille de les coucher habillés. Comme ça, le matin du départ, tu ne perds pas de temps. Fais un plan de table des places en voiture (tout aussi stratégique qu'un plan de table de mariage pour le bien-être de tous pendant le trajet). Prévois un kit de survie comprenant un grand récipient type Tupperware pour si l'un des enfants est malade. »

Grâce à elle, le trajet ne s'est pas trop mal passé, si l'on oublie les quinze pauses pipi, indispensables alors que nous n'avions que deux heures de route pour rejoindre notre location à Houlgate, en Normandie.

Une fois sur place... le drame... le choc... le chaos !

Pas de réseau WIFI.

Je n'avais évidemment pas prévu de DVD de dessins animés pour la troupe, je suis une fille de mon temps, je misais tout sur la VOD. Erreur de débutante ! Il allait nous falloir rebondir, trouver de quoi les occuper pendant ces quelques jours. Non pas que j'avais dans l'idée de les river devant un écran tout le séjour, mais cela nous assurait quelques soupapes de sécurité (et un bon moyen de pression, avouons-le !).

J'envoyai un message d'alerte (en SMS, à l'ancienne) aux filles pour leur demander quelques idées pour le séjour.

Delphine, qui devait comprendre ma détresse, m'envoya dans la seconde des captures d'écran d'un site qu'elle avait l'habitude de consulter, la Fabrique à Bonheurs. « Regarde ça, on l'a fait avec Marin, c'est super. » Les fondatrices du site, Audrey Akoun et Isabelle Pailleau, deux psys, avaient créé ce qu'elles appelaient la « pédagogie positive », une approche d'apprentissage novatrice.

L'idée, c'était de faire un journal de vacances tous ensemble en collant les tickets d'entrée des attractions ou lieux visités, les coquillages et algues marines récoltés, les dessins de ce que les enfants avaient aimé dans la journée/semaine, des photos... Un genre d'album-journal-herbier des vacances en famille. J'adorais l'idée !

Charlie, qui avait l'habitude d'organiser des événements pour les enfants, renchérit avec une longue liste d'activités en tout genre : faire des animaux en papier mâché, créer un arc, confectionner des bougies, construire une cabane, faire des bracelets, une chasse au trésor...

En quelques secondes, j'avais assez de contenu pour lancer un centre d'animations ! Dans le fond, me suis-je dit, ça va nous obliger à couper avec les écrans, et ce n'est pas si mal.

Les enfants ont été emballés à l'idée du journal de vacances, on s'est donc lancés là-dedans. En control freak digne de ce nom, je leur ai préparé un genre de *guide lines* pour monter leur petit cahier... ce dont ils n'avaient évidemment rien à faire. J'ai vu Laure coller n'importe comment les feuilles des arbres que nous avions ramassées, ce qui m'a rendue folle. J'ai tenté de la diriger (*Ma puce, tu ne veux pas aligner tes feuilles, ce sera plus joli...*), sans gros succès. Timothée, quant à lui, n'avait pas l'air d'avoir compris l'exercice puisqu'il me faisait un manga. J'ai essayé de ramener mes troupes dans le droit chemin, jusqu'au scud de Clémence : « C'est toujours pareil avec toi, maman, si on fait pas comme tu veux, ça te plaît pas. Laisse-nous faire comme on veut. »

Le pire, c'est qu'elle avait raison, et je le savais. Ça m'en coûtait, mais je devais profiter des vacances pour leur lâcher la bride.

- Je les ai laissés coller et crayonner dans leur journal de vacances à leur guise (*Oh ! là, là ! Ça part dans tous les sens*).
- Je les ai laissés construire leur cabane dans un arbre du jardin, même si le pire des scénarios se déroulait dans ma tête (*Et s'ils étaient juste à côté d'un essaim d'abeilles prêt à les attaquer ?*).

Les vacan-
ces à la
mer

*Je les ai laissés aller tous les quatre à la boulangerie, au bout de la rue, sous la garde de Timothée (*Et s'ils se faisaient enlever sur le trajet?*).

Leur autonomie avait du bon. Ça m'a permis de programmer mon rendez-vous annuel : un footing sur la plage, le moment où je profitai de quelques embruns marins (qui faisaient office de gommage pour moi) tout en crachant mes poumons. Je ne me suis en revanche pas risquée au bain de mer malgré mon courage et mon brevet de natation (je ne sais pas si je t'en ai déjà parlé ?), parce que je savais, pour m'y être déjà aventurée une fois en octobre, que je me ferais engueuler par Antoine.

Malgré cette nouvelle liberté, à laquelle je prenais goût petit à petit, le fait de laisser les filles un peu plus livrées à elles-mêmes avait fait de ces vacances les plus stressantes de ma vie. Mais voilà... je les avais laissées vivre leurs expériences et leur avais montré que j'avais confiance en elles. Et à la clé, ce qui fut pour moi le plus beau des cadeaux, un « Merci maman, c'était les meilleures vacances de toute notre vie ! »

J'avais le cœur gros à l'idée que cette parenthèse s'achève... mais j'avais aussi hâte de résumer ces doux moments dans une jolie story Instagram (on ne se refait pas #latergram).

26 OCTOBRE

TRUE STORY...

ON N'A JAMAIS autant BESOIN de VACANCES Que quand on en REVIENT

ANN LANDERS

1er NOVEMBRE

SOMEONE PLEASE CALL 911

S'ouvre aujourd'hui le mois de novembre, qui est, pour moi et pas mal de mes congénères, le mois qui ne sert à rien, coincé entre l'été indien (fini depuis le 31 octobre #réchauffementclimatique) et Noël, mais pas assez proche de ce dernier pour qu'on ait envie de longer les vitrines des boulangeries et de répondre à l'appel de la bûche au beurre (pourquoi nous faire culpabiliser en ajoutant le « au beurre », je te le demande). Bref, le mois inutile par excellence, si ce n'est à nous apporter son lot de virus et faire sortir de sa tanière celui qui nous terrorise, qu'on tremble à l'idée de voir refaire surface : l'homme enrhumé.

Tremble…

Rien dans ce monde, et je l'affirme haut et fort, rien ne pourra plus me décontenancer qu'un mari malade. Jeune fille, tu as été nourrie d'images de princes charmants bravant des méchants et des créatures maléfiques pour venir te secourir, alors qui aurait pu imaginer qu'un simple microbe viendrait terrasser ce prince, qui n'est du coup plus très très charmant, te laissant complètement démunie et circonspecte face à la fébrilité de cette espèce ?

Ses ronchonnements et ses jérémiades intempestives te donneront envie de lui rappeler qu'un être humain (deux en l'occurrence) est sorti de ton corps et que tu as fait preuve d'une dignité à toute épreuve, quand lui sombre à la simple sensation d'un nez irrité.

Dans ce genre d'épreuve que la vie met sur ta route, mieux vaut donc oublier que tu as affaire à un homme d'âge adulte, mais plutôt tâcher de le traiter comme un enfant avec qui tu devras jouer les infirmières, car dans le fond c'est tout ce qu'il attend de toi. Si tu en es capable, tu pousseras le zèle jusqu'à l'asperger avec amour et dévotion d'huile essentielle de ravintsara pure sur le torse, la nuque, le dos, l'intérieur de ses avant-bras, son ventre et, si tu en as la force, sous les pieds avant de le coucher (comme me l'avait conseillé Delphine). Ce moment de grande intimité, tu t'en serais bien passée, mais voilà : il ne pourra pas t'accuser de l'avoir abandonné sur « son lit de mort » et, qui sait, la diffusion de ces huiles essentielles exotiques te permettra peut-être de rêvasser à un voyage très lointain... seule !

7 NOVEMBRE

PRISE À SON PROPRE PIÈGE

Je prenais le rôle de Madame Bonheur de mon agence très au sérieux. Je n'avais pas encore cédé à la pression qui m'était mise pour l'achat d'un baby-foot, mais je m'essayais à pas mal de petites actions en vue d'accroître notre sacro-sainte qualité de vie au travail.

Ce matin, j'avais décidé de demander à mes collègues de se prêter à un petit jeu : écrire anonymement les qualités dont chacun à l'agence était doté. J'avais installé sur chaque bureau une petite panière, que j'avais customisée en power box. L'idée était qu'ainsi, en cas de coup de mou, on puisse piocher dans sa power box et en tirer un compliment.

Un peu comme pour le calendrier de l'avent, il y avait deux écoles : ceux qui dévoraient tout d'un coup et ceux qui prenaient le temps d'apprécier chaque douceur.

Afin de montrer mon implication, j'avais évidemment décidé de me prêter au jeu. Au retour de ma pause déjeuner, je découvris avec excitation que ma panière était pleine de petits papiers. Je décidai d'en ouvrir un et de garder la suite pour les autres jours de la semaine.

Trois minutes plus tard, victime du même manque de volonté qu'un jour de soldes, j'avais déballé tous les papiers qui garnissaient ma boîte. Ce qui en ressortait me surprit un peu : « solidarité », « passion », « esprit entrepreneurial ». Ah ! et un « J'adore ta jupe, elle vient d'où ? » signé Simon.

Mes collègues avaient-ils perçu mon âme de slasheuse, que je tâchais d'étouffer au fond de moi depuis des années ? Cela réveilla en moi de vieux démons. Étais-je une entrepreneuse qui s'oublie ? Étais-je destinée à autre chose ? Pourquoi ne pas simplement m'écouter ? Suivre mes envies ? Est-ce que je me mettais des barrières ?

Cela me fit instantanément penser à ce témoignage si touchant que j'avais découvert lors de mon petit rituel d'inspiration du matin. Il s'agissait du TEDx de Caroline Casey, une femme au parcours atypique (je préfère ne pas te spoiler) qui, malgré les barrières que la vie avait dressées sur sa route, avait décidé de repousser toutes les limites.

Je m'étais fait un petit carnet d'inspiration (toujours sur moi à portée de main entre une pipette de physio usagée et une chaussette taille 6 mois, #normal), et avais récolté une phrase et une idée forte de son témoignage : « Que voulez-vous être ? »

QUE VOULEZ-VOUS ÊTRE ?

On devrait tous se poser cinq grandes questions. Pour ma part, je ne me les étais jamais posées avec sérieux. Peut-être était-il temps de le faire, et de découvrir si j'étais véritablement « alignée » ou non…

1. Est-ce que ce que je fais au quotidien me procure de la joie ?
2. Quelles personnes, proches ou personnalités publiques, est-ce que j'admire ou j'envie ?
3. Est-ce que je suis bonne dans ce que je fais ?
4. Qu'est-ce qui me passionnait dans mon enfance ?
5. Quels sont mes talents aujourd'hui ?

9 NOVEMBRE

CELLE QUI AVAIT DU RETARD

Oh stupeur ! J'ai bel et bien cru qu'on avait remis le couvert. Tous les signes étaient là : une grosse envie de raclette H24, des coups de fatigue à répétition dès 21 heures, des nausées face à une tarte à la rhubarbe, un ventre légèrement gonflé... et naturellement un petit retard de règles !

Il faut dire que, depuis que j'ai accouché — et le temps commence à filer —, je ne suis toujours pas au clair avec mon mode de contraception (non pas que je l'aie vraiment été un jour, mais bon !).

C'est tout de même fou ! C'est quelque chose qui nous accompagne au quotidien, qui a un impact sur notre corps, notre libido, nos émotions, notre santé... Pourtant, chaque fois que je me motive pour essayer autre chose en pensant trouver la terre promise, c'est la désillusion la plus totale ! Stérilet cuivre/hormonal, pilule 21 jours/28 jours, préservatif, symptothermie... J'ai l'impression que je dois partir en quête du moins pire.

* Est-ce que je préfère avoir des règles (trop) abondantes ou plus du tout ? Des « spotings » ?
* Est-ce que je suis OK pour des migraines hormonales ? En clair, signer pour trois à cinq jours par mois où je vais me taper la tête contre les murs, voir cette douleur traduite par mon entourage comme étant un modeste mal de tête et, malgré cet état de mal-être paralysant, trouver tout de même la force de m'occuper de ma tribu parce que c'est comme ça, *mum must go on*.
* Est-ce que j'accepte de perdre ma libido un peu, beaucoup, passionnément ?

Bref, je n'étais pas vraiment en règle avec la gestion de ma contraception ces dernières années, un accident pouvait donc facilement se produire ! Et c'est bel et bien ce que j'ai cru. Pendant ces quelques jours d'attente de mes règles, je me suis fait tous les films. Je n'ai évidemment pas alerté Antoine, même si je me permettais quelques allusions : « Je suis chiante ? Désolée si je ne maîtrise pas mes émotions en ce moment » ou encore « Je préférai que tu portes ce pack de bouteilles de lait, on ne sait jamais... » Bref, j'agissais comme une femme enceinte de 6 mois (#dramaqueen) bien que mon retard ne soit que de quelques jours seulement, mais naturellement cela lui était passé complètement au-dessus de la tête.

Finalement, elles sont arrivées aujourd'hui, avec autant de retard qu'une valise égarée à l'aéroport. Tout d'un coup, je réinterprétais tout ce que j'avais pris pour des signes :

1. Cette grosse envie de raclette H24 ? Pas si étonnante, en novembre !
2. Ces coups de fatigue à répétition dès 21 heures ? J'ai juste vieilli...
3. Ces nausées face à une tarte à la rhubarbe ? Je n'ai jamais aimé la rhubarbe.
4. Ce ventre légèrement gonflé ? Voir point numéro 1... CQFD...

Je dois avouer que ça a été un gros moment d'émotion.

11 NOVEMBRE

WEEK-END ANTI-KIDS FRIENDLY

Chaque année avec Antoine, on s'autorise un week-end avec notre crew (lui, ses potes, et moi, mes copines). Le week-end soupape, comme on l'appelle. Avec mes copines Charlotte, Sophie et Julia, on calait toujours notre week-end en novembre histoire d'avoir une perspective positive et de faire le plein d'énergie avant la folie des fêtes de fin d'année.

Cette année plus que jamais, nous avions toutes grand besoin de nous aérer. Quand on a programmé le week-end, les idées les plus folles avaient surgi : week-end à Ibiza, Mykonos, Hvar... Chacune y allait de sa proposition, les points communs étant bel et bien la fête et la démesure ! Sophie avait même sérieusement étudié la piste de Cancun, mais on avait peur que sur un week-end ça ne soit un peu short !

Après une bonne cinquantaine de mails envoyés en trois jours, on a finalement posé nos valises... dans une location de charme à Bordeaux !

Ce week-end annuel ne devait remplir qu'une condition : rassembler le maximum d'éléments anti-kids friendly. L'idée, c'était de faire tout ce qui était inimaginable avec nos enfants. Nous étions quatre mamans lâchées dans la nature avec une seule et même envie : transgresser toutes les règles. Ça promettait d'être WILD !

Évidemment, il nous fallait toujours un peu de temps pour nous mettre dans le bain. On a par exemple vu Sophie revenir de chez le loueur de voitures avec un monospace muni de sièges enfants... On l'a renvoyée nous chercher un petit coupé de midinettes (au risque d'avoir les genoux dans la mâchoire). On a aussi vu Julia faire un mouvement de va-et-vient avec son caddie, comme si c'était une poussette qu'elle avait en main. La maison quant à elle répondait à tous nos critères anti-kids friendly : maison d'architecte au sein de laquelle on ne pouvait pas faire trois pas sans risquer de casser quelque chose. L'escalier était naturellement raide et en béton. Un sauna était accessible dans le jardin (sans verrou ou nulle autre protection). C'était PAR-FAIT !

Le samedi soir, on s'était programmé un dîner en cinq plats dans un restaurant gastronomique. On avait poussé la folie jusqu'à prendre la résa pour 21 heures ! On était des grandes malades ! Le lendemain, on avait réservé toute une journée dans un complexe hôtelier avec piscine et spa, l'un de ces endroits où les enfants étaient autorisés... juste pour le plaisir de voir les autres parents galérer et se rappeler que, nous, on était « libres ». On a poussé le vice jusqu'à jeter des regards réprobateurs aux parents qui essayaient tant bien que mal de tenir leurs enfants. « Excusez-moi, vous pourriez dire à votre enfant d'arrêter de faire des bombes ? C'est interdit, ici ! » On était à fond dans nos personnages, un cocktail dans le prolongement du bras gauche et un magazine people dans celle de l'autre.

Évidemment, on souffrait de quelques séquelles, comme l'incapacité chronique d'écouter autre chose que du Kids United pendant le week-end et, naturellement, le fait de sombrer dans quelques moments de nostalgie à la pensée de nos enfants en train de se déhancher sur ces hits.

Globalement néanmoins, je dois dire que c'était comme le vélo, cela revenait très vite ! Et puis, on avait l'essentiel, les 4 B : **B**ouffe, **B**inouze, **B**ain à remous et **B**itchage. Parce que, oui, il s'agissait aussi d'un week-end défouloir, aussi thérapeutique que notre cure thermale. Ce week-end était l'occasion de vider nos sacs : nos conjoints, nos enfants, nos boss, nos belles-mères, la connasse de vendeuse qui nous avait conseillé de prendre une forme plus évasée vu notre ligne... Les oreilles devaient siffler, de l'autre côté de la Seine !

C'était tout simplement jubilatoire !

« Nous devrions toujours avoir trois amis dans notre vie : un qui marche devant nous, que nous admirons et suivons, un qui marche à nos côtés, qui est avec nous à chaque étape de notre vie, et un qui se trouve derrière nous, que nous allons chercher et que nous amenons avec nous après avoir ouvert le chemin. »

Michelle Obama

14 NOVEMBRE

REMETTRE LES COMPTEURS À ZÉRO

Au retour de mon week-end girls, je trépignais tellement à l'idée de retrouver Antoine et les filles (et de les renifler, tels des feutres Velleda), que je me suis tapé un accident de trottinette ! Oui, bêtement, j'avais décidé de louer une trottinette électrique pour faire le trajet de la gare à la maison malgré ma valise, qui clairement me déséquilibrait ! Je me suis donc emplafonnée contre une portière de voiture !

Résultat : une semaine d'immobilisation totale, #monpirecauchemar.

Évidemment, entre les charrettes au boulot et la fin d'année qui arrivait à grands pas, avec toutes les échéances que cela impliquait, ça tombait très mal. J'étais anéantie. Heureusement, entre les grands-parents et ma sœur, on est bien entourés... mais Antoine a clairement dû prendre en main toute l'intendance de la maison.

Peu sereine, je lui avais proposé : « Tu veux que je trouve une aide pour la maison ?

— Tu veux dire que tu penses que je ne peux pas gérer la maison ? avait-il répondu, vexé.

— Mais nan, pas du tout. Je disais ça pour être sympa ! » (En vrai, il avait évidemment vu juste.)

Le démarrage a été... comment dire... compliqué !

Je ne pouvais littéralement pas poser le pied par terre, ce qui voulait dire dépendre des autres, ce que je détestais ! Les premiers jours, j'ai fait l'erreur de croire que, même si physiquement je ne pouvais rien faire, je pouvais tout de même donner des directives à « mon équipe ». Depuis ma chaise, je leur beuglais dessus comme à une épreuve des yeux bandés de *Koh Lanta*: « Antoine, tu as oublié le cartable de Laure, ça, c'est son sac de judo ! », « Clémence, mets ton bol de céréales dans la machine, sinon je vais l'avoir sous les yeux toute la journée. » J'étais devenue un vrai dictateur. Je l'avais compris en constatant l'urgence que mettait chacun à fuir la maison. Je bombardais Antoine de textos toute la journée avec autant de vigueur que quand, bourrée, on écrit à un ex. Il restait courtois... Honnêtement, je ne sais pas comment il faisait pour ne pas m'envoyer balader.

J'ai passé deux jours à terroriser ma famille avant qu'Antoine me demande qu'on se réunisse tous les deux « au conseil » devant notre cheminée (éteinte). Calmement, mais fermement (ce qui, je dois l'avouer, le rendait terriblement séduisant), il m'a lancé : « Alice, je t'aime. Tu sais ça, que je t'aime, n'est-ce pas ? » Ça commençait mal. « Mais bon, si tu veux qu'avec les filles on ne déserte pas la maison, il va falloir nous laisser gérer les choses à notre sauce, OK ? » Je lui lançai un timide « Oui, oui » qui manquait de conviction.

Au fond de moi, je savais qu'il avait raison. Le pire, c'est que je lui faisais complètement confiance. C'était surtout à moi d'accepter que ce n'était pas grave si les choses n'étaient pas faites à ma manière. Je dois avouer que là-dessus, dans notre quotidien, j'étais assez ambiguë. Je lui demandais régulièrement d'en faire plus, et quand c'était le cas j'avais l'impression qu'il marchait sur mes plates-bandes et je devenais méchante. Quand il lui arrivait de me donner des conseils, par exemple, je lui proposais d'écrire un guide de parenting !

Je crois que, dans le fond, j'étais énervée d'avoir été élue d'office et sans consultation préalable « responsable en chef de tout ce qui se passait à la maison et de ce qui se référait aux filles ». Je gérais le gros du quotidien. Si on demandait à Antoine, il s'insurgeait en disant que c'était lui qui faisait les courses et souvent les machines (je déteste étendre le linge, du coup j'ai une fâcheuse tendance à bâcler), et c'était vrai. Nous avions une certaine répartition des tâches. Mais moi, j'étais celle qui devait penser à TOUT, celle dont une bonne part du cerveau était squattée par des informations hautement glamour, comme un rappel de vaccins, l'envoi d'une feuille de soins à la mutuelle, l'inscription au centre de loisirs... Tout cela, c'était du non-dit, mais c'était un fait ! C'était mon job !

Cette semaine immobilisée m'a quand même permis d'ouvrir les yeux et de comprendre que je me mettais moi-même aussi beaucoup de pression, et que le monde pouvait continuer de tourner même si je ne contrôlais pas TOUT. Cela a aussi permis à Antoine de se rendre compte de la quantité de choses que je gérais au quotidien et dont il ne se souciait pas jusqu'ici !

Évidemment, tout ça, c'était un travail de longue haleine. Sitôt que je serai sur pied, il faudrait veiller à ne pas reprendre nos vieilles habitudes. Avec Antoine, on a instauré un code pour nous rappeler cette expérience : dès que l'un de nous avait quelque chose à dire, on se retrouvait « au conseil » près de la cheminée.

22 NOVEMBRE

MA TO-DO LIST EST UNE CONNASSE

Aujourd'hui, Delphine nous a envoyé une photo de son frigo, qui avait pris des allures de to-do list géante. Pas moins de 50 lignes et bullet points dressés sur un tableau Velleda collé sur son garde-manger. La photo était aussi effrayante que drôle, car elle s'était amusée à mettre un Post-it sur son fils avec le message « laver dents, acheter ballon de basket ». Cela dit, c'était bel et bien un cri d'alarme qui était lancé. Pour relâcher la pression, on s'est alors lancées dans un *contest* de photos de nos to-do lists.

Étant de retour au bureau après une semaine d'arrêt, j'envoyai une photo de la mienne collée sur l'écran de mon ordinateur. Le constat était le même, des kilomètres de choses à faire, et une sueur froide qui me traversait dès que mon regard se posait dessus.

Gaya, notre digital mum, avait évidemment sa liste sur son Smartphone. Je m'étais posé la question de faire mes to-do lists sur mon mobile, mais j'aimais le contact du papier et du crayon. Et puis, étrangement, je cauchemarde à l'idée de tout perdre. En revanche, j'ai avoué aux filles qu'il m'arrivait de prendre en photo mes Post-it... au cas où.

Et puis, on a reçu la photo de Charlie, ou plutôt son œuvre d'art ! C'était coloré, c'était géométrique, c'était magnifique ! Elle nous a expliqué qu'il s'agissait de *mind mapping* ! Séduite par cette idée, j'ai décidé de m'y essayer... tout de suite.

JE PIMPE MA TO-DO LIST

Le mind mapping, c'est un outil ludique et créatif pour organiser visuellement sa pensée.

1. **Je dessine un petit nuage** au centre d'une feuille blanche (en format paysage).

2. **J'y inscris le sujet concerné.** Cela peut-être ma to-do list de la semaine ou un thème précis, comme le boulot.

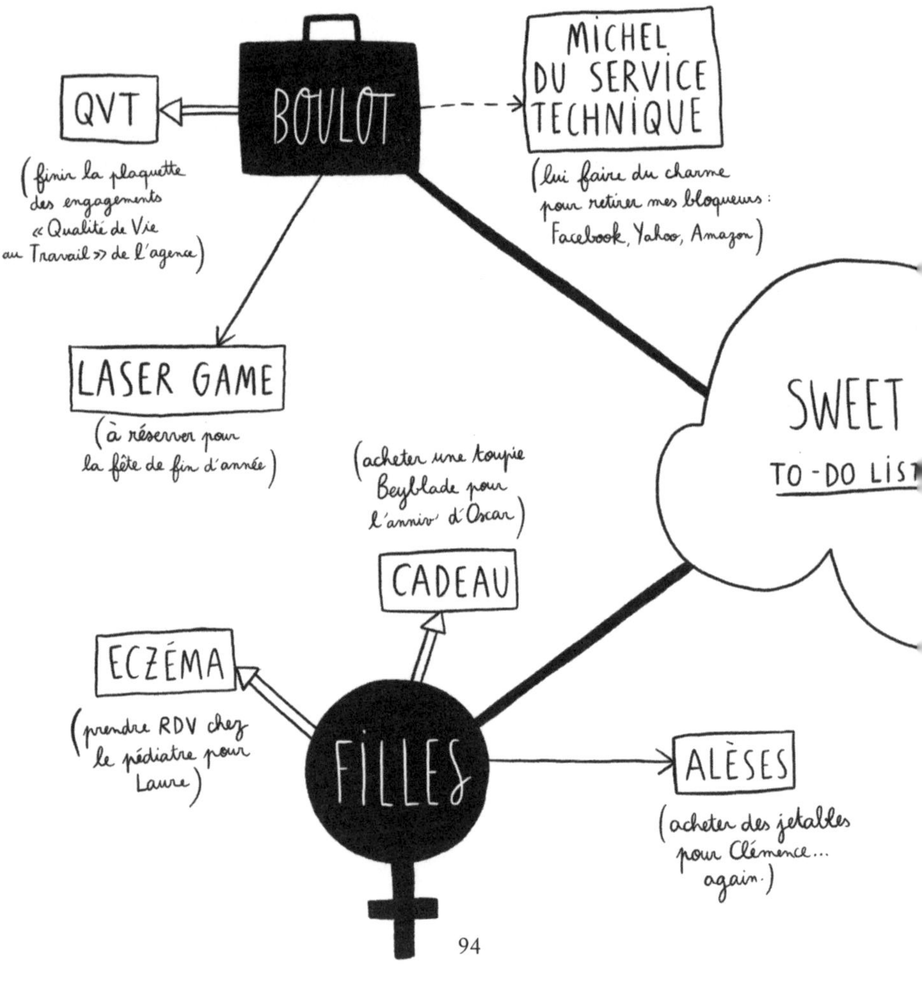

3. **Je fais partir des branches de celui-ci** pour les idées ou les tâches principales, et je les ramifie pour les idées et les tâches secondaires.

4. **J'utilise des mots-clés** pour ne pas surcharger ma feuille.

5. **Je joue avec les couleurs** (ou les formes) pour organiser et prioriser tout cela !

- - → pas urgent   ⟶ assez urgent   ⟹ urgent

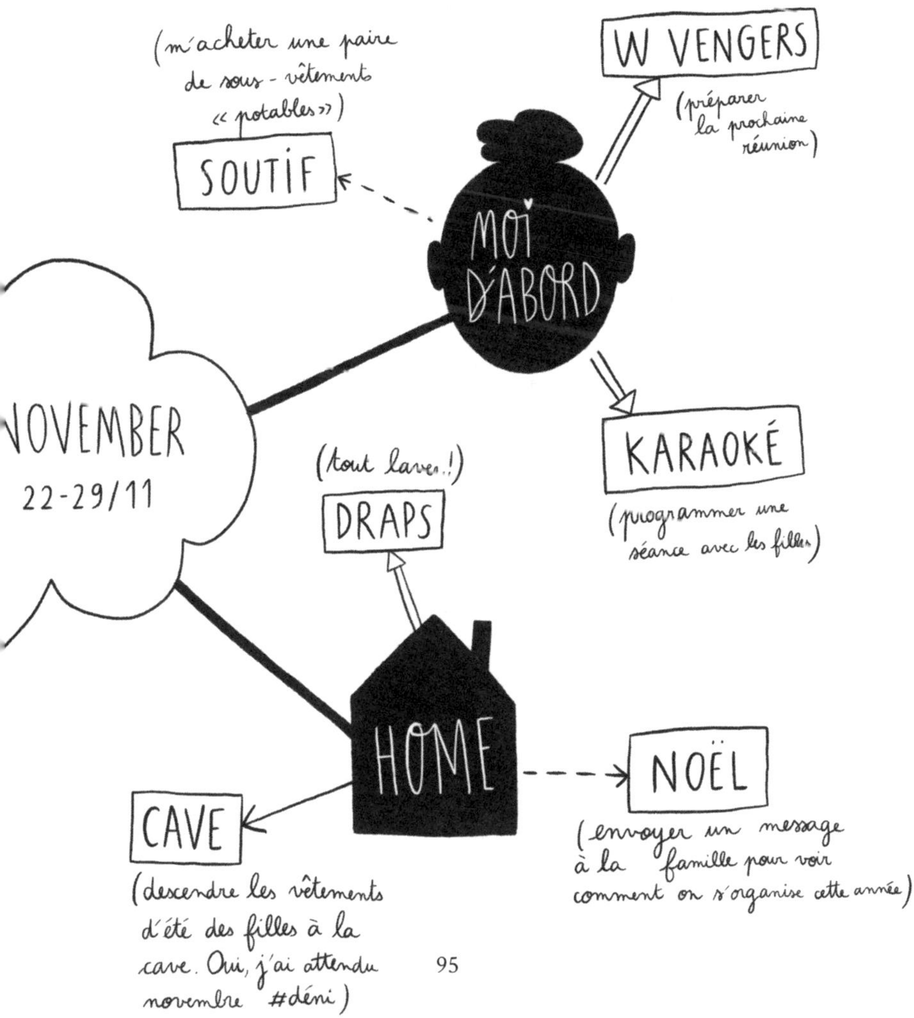

23 NOVEMBRE

CET ÊTRE MERVEILLEUX QU'EST LA STAGIAIRE

Je crois que, ça y est, je perds la boule ! En tout cas, quelque chose cloche, mais je ne sais pas quoi !

Au boulot, j'ai fait l'« acquisition » de cette nouvelle petite stagiaire. Elle est dotée d'un curriculum vitae plus rempli (et aussi mieux designé) que le mien, alors que nous avons bien quinze ans d'écart.

Depuis qu'elle a rejoint l'équipe, je suis décontenancée ! Pas par l'assurance dont elle fait preuve comme l'ensemble de sa génération. Pas par son style non plus, bien qu'il soit plus assumé que le mien. Je suis décontenancée car je la vois papillonner toute la journée et enchaîner les pauses pipi ! Soit cette petite souffre d'une cystite récurrente et devrait consulter un spécialiste dans les plus brefs délais, soit les toilettes sont devenues son spot pour se connecter à YouTube et enchaîner les tutos. En femme lucide, je privilégie évidemment cette deuxième piste, mais comment la prendre en flag ? La suivre aux toilettes pourrait me causer du tort et alerter le service des ressources humaines. En même temps, je ne peux fondamentalement rien lui reprocher, car le travail est fait, et même très bien fait, je dois l'avouer.

Alors soit c'est une mauvaise blague de mes collègues, soit je suis vraiment fatiguée, mais quelque chose m'échappe ! Et tu sais que je n'aime pas ça ! Si je dois revêtir mon costume de capitaine Marleau, je le ferai !

La suite au prochain épisode...

25 NOVEMBRE

3e RÉUNION DES WVENGERS : TUER L'ENNEMI !

S'est ouverte aujourd'hui notre troisième réunion des WVengers. Il était de temps de passer à l'action et de s'attaquer à l'une de nos pires ennemies : la routine ! Celle qui vient s'incruster dans ta vie aussi profondément qu'une tache de bolognaise sur un pull en cachemire ! Celle qui fait du tort à tous : à ta famille, à ton couple, et donc à toi.

Pour ça, j'avais proposé un lieu de rendez-vous un petit peu atypique aux filles qui me faisait aussi me dévoiler un peu plus : une salle de karaoké. Ou plutôt, la salle attenante à un karaoké pour commencer. Elles n'ont compris pourquoi qu'un peu plus tard…

L'idée, c'était qu'on partage nos meilleurs plans pour rompre avec le quotidien, seule, en couple ou en famille. Chacune avait potassé avant de venir ! Le ton était solennel.

Gaya a ouvert le sommet : « Dans la salle d'attente de ma gynéco, je suis tombée sur une interview super-intéressante de la productrice américaine Shonda Rhimes.

— Shonda qui ? j'ai alors demandé à Gaya.

— Mais tu la connais obligatoirement ! Le docteur Mamour de *Grey's Anatomy*, c'est grâce à elle ! »

Nous étions perplexes.

Charlie prit le relais : « Tu veux dire que c'est la mère de Patrick Dempsey ? Mais elle a quel âge ?

— Mais non ! Je vous parle de la productrice, réalisatrice et scénariste de *Grey's Anatomy* (mais aussi de *Scandal* et de bien d'autres séries à succès). Cette femme au planning bien rempli s'est mise au défi de dire oui à tout ce qui l'effrayait pendant une année. Pas pour avoir un CV mieux garni, mais dans l'idée de redonner un peu de place à ce qui l'animait vraiment, de retrouver son « bourdonnement intérieur ». Cette business woman a beau avoir un métier de rêve, elle a été sujette à un burn out comme n'importe qui et a perdu la trace de ce qui la faisait vibrer. C'est à ce moment-là qu'elle a décidé de se lancer le défi du oui. Oui pour affronter ses peurs, traverser des obstacles, oui pour retrouver la passion, la créativité, oui pour emprunter de nouvelles routes, oui pour prendre du temps pour soi... »

On était mi-subjuguées mi-dubitatives à cette idée ! Cela promettait en tout cas d'être challenging. Gaya a alors complété son propos : « Et c'est aussi valable avec nos kids ! L'idée, c'était de se défaire de l'automatisme du non face aux sollicitations constantes de nos enfants.

— Ah oui, c'est vraiment un challenge, ça ! a reconnu Delphine, toujours un peu angoissée. J'avais pensé essayer de réintégrer un brin de folie dans notre quotidien, comme se programmer une soirée surprise avec son compagnon une fois par mois. On ne sait pas ce que l'autre organise, et ça permet surtout de passer du temps à deux, ce qu'on a tendance à faire passer à la trappe.

— Oui, mais genre quoi ? je lui demandai, intéressée. Est-ce que ça n'est pas difficile à faire entrer dans le budget du quotidien ?

— Ça peut être des petites choses, pas forcément coûteuses, pour nous sortir de notre train-train, comme faire un nocturne dans un cinéma, jouer les touristes dans sa propre ville... »

L'idée de ce blind date me plaisait bien ! Il fallait que j'en parle à Antoine.

Charlie lança un « sinon, on brise la glace », je ne sais pourquoi. Peut-être parce qu'elle bossait dans l'univers du mariage, j'avais pensé à une glace dans le sens de crème glacé. Je ne voyais donc pas trop le rapport, mais n'osai pas le lui dire.

« Dans mon métier, j'ai dû apprendre à sourire un peu par automatisme. Ça fait partie de mon job, quoi. Du coup, dans mon quotidien, dans la rue, j'ai pris l'habitude de sourire. Eh bien, je me suis vite rendu compte que c'était une magnifique manière de s'ouvrir aux autres, d'enclencher des conversations et ainsi de sortir de sa zone de confort.

— C'est complètement vrai ! Il y a même des études scientifiques qui ont prouvé que le bonheur tenait beaucoup à la relation qu'on entretient avec les autres, ajouta Delphine, qui enchaîna. Bon, et toi Alice, tu vas nous dire ce qu'on fait là ? J'imagine que ça a un rapport avec le thème du jour.

— Oui… En fait, j'avais envie de vous montrer ce qui me sert d'éxutoire. Dès que mon quotidien est trop lourd, que je n'y vois pas clair ou que j'ai juste envie de me défouler un bon coup, je viens ici pousser la chansonnette et danser comme une folle pour oublier contraintes et tracas. »

Gaya nous a alors révélé qu'elle aussi avait son petit rituel, et que c'était là « qu'elle lâchait tout ». Breaking news : elle était donc humaine, et parfois victime de ses émotions elle aussi ! « Moi, je fais du lancer de haches, c'est juste génial. C'est comme le tir à l'arc en salle, mais avec des haches. » Elle s'était même laissée aller à une petite blague « C'est hachement défouloir. » On a ri, surtout pour l'encourager ! On était pour ainsi dire sur le cul. Décidément, cette femme était pleine de surprises !

C'était compliqué de terminer cette réunion par notre rituel de *This Girl Is On Fire*, mais on pouvait chanter le morceau. Du coup, j'ai proposé aux filles de passer aux choses sérieuses… le karaoké !

JE FAIS LA PEAU À MA ROUTINE

Je réintègre le oui :
je m'oblige à répondre oui à ce qu'on me propose, même si cela me fait peur, me fait sortir de ma zone de confort ou, pire encore, met mon planning en danger… Je me lance à l'aventure sans trop réfléchir !

J'intègre un brin de folie :
même si je dois affronter mon syndrome de flémingite aiguë, je m'ouvre à de nouvelles expériences en planifiant des sorties dont on n'a pas vraiment l'habitude.

Je brise la glace :
sur une journée, je souris à chaque nouvelle rencontre. J'étudie ensuite l'effet que cela a sur moi. Moi qui suis plutôt du genre à changer de trottoir quand je sens qu'on va venir à ma rencontre, ça me fera du bien.

Je trouve mon terrain défouloir :
je trouve le terrain de jeu sur lequel j'arrive à vraiment tout lâcher et j'en fais *a minima* un rendez-vous mensuel. Footing, karaoké, lancer de haches, tout est possible du moment que j'y prends du plaisir.

1ER DÉCEMBRE

NOTE À MOI-MÊME

MÊME PAS LE TEMPS de faire PIPI...

5 DÉCEMBRE

SUNDAY FUN DAY ?

Cela fait bien longtemps que mes week-ends ne sont plus des week-ends. J'entends par là qu'ils ne sont plus synonymes de repos, au contraire. De toi à moi, il m'arrive d'attendre le lundi car je sais que je pourrais enfin m'ASSEOIR. Juste m'asseoir. Et c'est déjà énorme !

J'aime nos week-ends, mais ils ont une fâcheuse tendance à prendre des allures de planning de colo. On vogue d'une activité à une autre sans même prendre le temps d'en profiter ! C'est la course perpétuelle. Là-dedans, on essaye de garder un semblant de vie sociale en voyant des potes, entre deux siestes, et en essayant vainement d'avoir des conversations de grandes personnes, qui finissent toujours par des bilans médicaux : « La gastro est de retour... », « Tu lui mets quoi pour soigner sa conjonctivite ? »... Avouons-le quand même, ces conversations, quoique déprimantes, ont le bénéfice de nous rassurer et de nous rappeler que nous sommes tous dans le même bateau.

// Aparté
C'est rigolo, en écrivant « grandes personnes » je me rends compte que je ne me suis jamais vraiment sentie comme étant une « grande personne », et cela n'a rien à voir avec le fait que je mesure 1,58 m. Pourtant, si à mon âge et avec deux enfants on n'est pas une grande personne, quand le devient-on ? Quand je pense à mes parents à cet âge, je me dis qu'ils étaient de vrais adultes, alors que j'ai l'impression de n'en porter que le tailleur. Probablement encore un coup de ce fucking syndrome de l'imposteur.
Fin de l'aparté //

Enfin, voilà, il est arrivé quelque chose de complètement dingue ce week-end. À la demande de Clémence et de Laure, on a passé notre dimanche à la maison, en pyjama. Sans rien faire d'extraordinaire. Pour une fois, ce n'était pas le chaos chez moi. Personne n'était malade ou grognon. C'était le LOVE avec un grand L.

Cela m'a poussée à la réflexion. Je me suis rendu compte que c'était peut-être nous qui nous mettions une obligation d'occuper les filles tout le temps en pensant que c'était pour leur bien. À voir leurs mines réjouies ce week-end, je me suis dit que ça serait une bonne idée de faire, certains dimanches, un vrai temps calme, où l'on resterait juste tous les quatre, sans courir à droite et à gauche.

Il est vrai qu'au début j'étais terrifiée à l'idée que les filles s'ennuient. Je voyais cela comme un échec. Aujourd'hui, je commence à le percevoir comme un état positif, aussi bien pour elles que pour nous, d'ailleurs, comme des bulles de respiration sans stress. Me voilà décidée à arrêter de remplir l'agenda pour remplir l'agenda !

11

TIME OFF

On enclenche le mode slow parenting.
On ralentit le rythme en famille, on arrête la course effrénée aux occupations. Juste, on profite !

On prend deux heures en famille par week-end... où on ne fait rien ! Pas de rendez-vous, pas de notifications, pas de contraintes autres que celle de profiter de l'instant présent. On improvise et on se laisse guider par nos envies : dessiner, faire des pancakes, laisser les enfants jouer dans leur coin en s'inventant des petites histoires... De quoi nourrir leur imaginaire et leur apprentissage de l'autonomie.

On se met en condition en passant en mode hygge :
grosses chaussettes, pyjamas, chocolat chaud et couvertures en laine... les outils clés pour relâcher la pression !

the SECRETS of HAPPY FAMILIES

10 DÉCEMBRE

LA STAGIAIRE (LE RETOUR)

Voilà, j'ai craqué ! Cette histoire de stagiaire me rendant folle, j'ai fini par la suivre jusqu'aux toilettes. Après tout, peut-être se droguait-elle ou toute autre chose, il en allait de ma responsabilité de savoir ce qui se tramait derrière tout cela !

J'ai évidemment feint une envie de faire pipi. Clairement, elle faisait partie d'une génération qui ne comprenait pas cet esprit de sororité dont nous usions naguère en allant faire pipi ensemble. Elle était inquiète et se demandait bien pourquoi je lui collais au train. N'ayant pas une véritable envie, et faisant partie de la team des timides de la vessie, j'ai évidemment terminé avant elle, et décidé de l'attendre à la sortie.

La seule chose qui m'est alors venue à l'esprit, c'était un « C'était bien ? » qui la décontenança encore un peu plus ! Sentant qu'elle n'était pas loin de faire un rapport au service RH, je me lançai : « Bon, écoute, je voudrais savoir comment cela se fait que je te voie papillonner toute la journée et que le travail soit quand même bien fait !

— Pomodoro ! », me répondit-elle avec une pointe d'insolence.

Ça sentait l'italien à plein nez ! Je m'en voulais encore une fois d'avoir pris allemand en seconde langue vivante. Essayant de feindre mon ignorance, je lui ai alors répondu par un *grazie* qui ne berna personne. Heureusement, elle ne me laissa pas choir : « J'utilise la méthode Pomodoro pour gagner en productivité et éviter de procrastiner. C'est assez simple et très efficace : l'idée, c'est de décomposer sa liste de tâches et de dédier une session de 25 minutes par tâche, sans possibilité de me couper ou de me déconcentrer.

— Ah ! donc, du coup, quand je crois que tu glandes, en fait tu bosses ? ai-je demandé, impressionnée.

— Ah non non ! Quand tu me vois dans la journée, je glande

vraiment ! C'est parce que je suis très à l'écoute de mon biorythme et que mon pic de productivité commence quand tu quittes le bureau, à 18 heures », m'a-t-elle répondu, toujours très sûre d'elle.

Plusieurs choses me gênaient dans sa réponse :

1. Je partais à 18 h 10 ! Faut pas pousser mémé dans les orties non plus !
2. Je n'arrivais pas bien à me rappeler quand je l'avais invitée à me tutoyer.

Mais bon, je décidai de passer outre étant donné que je sortais de cet échange avec un nouvel outil pour tordre le cou à ma passion du multitasking. J'ai donc mis un terme à la conversation : « Tu vois, c'est sympa les discussions de filles aux toilettes ! »

Elle n'a pas semblé vraiment convaincue.

EXIT LA PROCRASTINATION

Je mets en place la méthode Pomodoro et je m'arme d'un minuteur (celui de mon téléphone, peut-être plus discret sur un bureau que mon minuteur de cuisine, en forme de fraise).

Je décompose ma liste de tâches et dédie une session de 25 minutes pour chacune, sans possibilité de m'interrompre. Mon objectif : me concentrer à 100 % sur une seule tâche. Une fois les 25 minutes passées, c'est terminé. *Time is up* !

Toutes les 25 minutes, je me prévois une **pause de 5 minutes** pour recharger mes batteries. Je m'offre par exemple une petite marche active jusqu'aux toilettes et je reviens.

Et toutes les quatre sessions, je m'octroie une pause un peu plus longue, de **20 minutes environ**.

// Aparté
J'ai aussi décidé de faire la guerre à la procrastination dans ma sphère de vie privée, familiale et sociale. Et j'en profite ici pour casser un mythe, le « mythe de la semaine prochaine ». J'ai en effet une fâcheuse tendance à décaler mes sorties d'une semaine et à dire : « On se voit la semaine prochaine, je serai plus cool. » Non pas que je n'ai pas envie de le faire tout de suite, au contraire, mais je fantasme toujours sur l'idée que la semaine prochaine sera plus tranquille. FAUXXXX ! Arrêtons de croire qu'elle sera plus douce, moins remplie… Passons à l'action, pour ne pas occuper des parts de notre cerveau et faire traîner (surtout quand il s'agit de choses agréables). Je me bats quotidiennement contre cette habitude, mais j'essaye au max de faire ce que je peux faire dans l'instant ! En tout cas, de ne pas décaler pour décaler.
Fin de l'aparté //

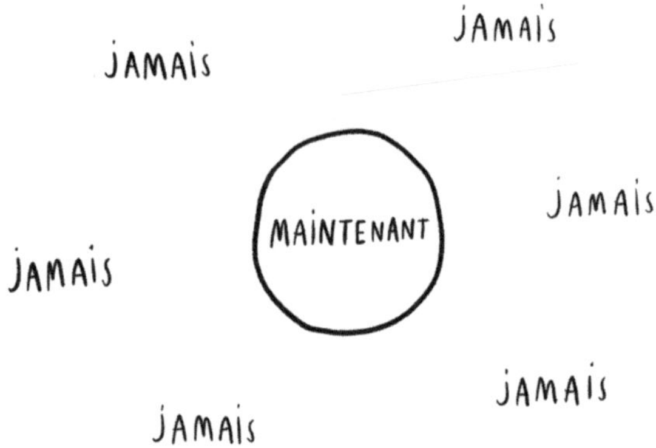

12 DÉCEMBRE

BON DÉLIRE

Aujourd'hui, j'ai envoyé ce qui, je crois, restera l'une de mes meilleures blagues au groupe de WVengers. Il s'agissait d'une photo de ma « to-do rien list »...

Ce petit « délire » nous a beaucoup fait rire, et surtout fait fantasmer en cette période de fin d'année ! On a ri, mais on a ri...

15 DÉCEMBRE

JE RÉHABILITE LA COMMUNICATION (NON VIOLENTE ?)

Alors que j'étais plongée dans une de mes séries dont seul Netflix a le secret (cette fois, j'avais décidé de soutenir la création française avec une série teenager qui ne me demandait pas trop de concentration), j'ai eu un (méchant) déclic ! Dans cette série, il y avait un personnage féminin marquant : une grosse reloue, qui râle, qui bougonne, en gros qui beugle tout le temps... Pour sa défense, elle était enceinte, on pouvait donc aisément mettre ce mauvais caractère sur le dos des hormones #cliché.

Le hic, c'est que je me suis pleinement reconnue dans ce personnage, l'excuse des hormones en moins. Si je suis honnête, je dois dire que je suis devenue chiante. Je le sais. Je dis « devenue », parce qu'on ne naît pas chiante, on le devient ! #pardonSimone

Des excuses pour justifier mon comportement, j'en ai à la pelle et au râteau ! Je n'ai pas passé une nuit correcte depuis cinq ans (période « d'incubation » comprise). Je suis sollicitée H24 par des éléments extérieurs : « Maman, est-ce que tu peux me préparer un goûter ? », « Maman, est-ce que tu peux me trouver mon déguisement de Sam le Pompier ? », « Maman, il est où, mon livre ? » En bref, depuis quatre ans, je n'ai plus une seconde pour faire pipi...

Cela dit, je dois l'avouer, je suis cette râleuse qui va agresser son partenaire au prétexte d'une assiette sale déposée nonchalamment sur le bord de l'évier. Je suis cette femme qui va lui hurler de retirer ses chaussures avant de le laisser avancer pour embrasser ses enfants. Je me suis entendue dire des phrases que je n'aurais jamais imaginé prononcer ou péter les plombs pour des choses étonnantes : « P'tain, mais tu ne rebouches jamais les physio*, tu sais combien ça coûte ? Tu veux nous mettre sur la paille ? »

Je me demande parfois ce qui lui donne envie de rentrer à la maison, si ce n'est l'amour de ses filles. Je grossis le trait évidemment, et en même temps...

L'autre jour, il m'a reproché d'être tout le temps sur mon téléphone, de ne jamais être pleinement avec eux. Pourtant, je fais très attention à cela, mais comment ne pas être happée par tant de moyens de communication ? J'ai essayé avec force et courage de me déconnecter le soir en rentrant, mais pas facile quand on jongle entre pas moins d'une vingtaine de groupes WhatsApp : un groupe pour chaque famille, un pour les copines d'enfance, un pour les mamans d'école, trois pour le boulot (imagine donc le stress à l'idée de confondre les groupes quand j'évoque ma dernière soirée bitture avec les copines), le groupe des anciens collègues, évidemment celui des WVengers...

Pourtant, les signaux d'alerte étaient là. Je me souviens du choc un jour où les filles s'étaient amusées à m'imiter. Elles avaient foncé sur mon téléphone et lançaient des phrases comme : « Ah nan, mais tu comprends, je suis au bout de ma vie ! » Ça m'avait fait l'effet d'une gifle !

La dernière fois, on s'est disputé avec Antoine, car je n'avais pas lu l'un de ses messages. Après avoir fait le tour de mes textos, mails, messages WhatsApp, LinkedIn, Instagram, de mes notifications Facebook, de ma boîte CaraMail (je n'ai toujours pas eu le cœur de la fermer), je lui assurai que non il ne m'avait pas laissé de message. Mais ça, c'était oublier que j'avais épousé un mec old school, ce qui m'avait plu chez lui au premier abord. Denver (le dinosaure) m'avait mis un Post-it sur le frigo ! So vintage ! S'il s'était fendu d'un message sur Instagram, je ne serais pas passée à côté !

**Oui, le physio, ça se rebouche !*

Nous en sommes à un stade où nous devons parfois faire des to-do lists des sujets de conversation que nous voulons évoquer ! Avant c'était la spontanéité qui primait, mais là tout est tellement millimétré ! Et le soir, parfois, nous sommes trop épuisés pour échanger, nous raconter notre journée, bref nourrir ce lien qui nous unit. On se retrouve là, l'un à côté de l'autre, scotchés sur nos téléphones à communiquer avec le monde alors que nous sommes à même pas 1 mètre l'un de l'autre.

Je me suis prise à regarder avec envie un couple dans la rue. Ils partaient en week-end et se bouffaient littéralement du regard. Moi aussi, j'avais été cette jeune femme cool qui ne ronchonne pas sur des points de détail. C'était décidé, acariâtre je ne serai pas ! Mais c'était avant tout un travail d'équipe ! Je me posais, crayon et papier à la main, et notais tout ce qui était nocif dans notre quotidien.

ON ÉVITE DE FAIRE NOS M. AND MRS SMITH…

On tourne notre langue sept fois dans notre bouche avant de balancer une petite pique gratuite. Quand on prend la parole, on se demande si ce qu'on va dire va vraiment faire avancer le débat ou non : s'agit-il d'une critique ? D'ordre logistique ? Est-elle constructive ? Cela va-t-il insuffler un changement positif au sein de mon ménage ?

On veille aux gestes de tendresse du quotidien. Parfois, quand on est trop dans le feu de l'action, on en oublie les gestes d'affection qui font grimper notre taux d'ocytocine, l'hormone du bonheur. Il suffit pourtant de 5 secondes seulement pour libérer cette hormone et activer les bienfaits qui en découlent. Encore une fois, je pense que tout est question d'habitude. Moins on en fait… moins on a envie d'en faire !

On arrête de compter les points : il s'agit probablement ici du plus gros des challenges à relever. Avec Antoine, nous sommes devenus experts du comptage de points. Notre vie a pris des allures d'arbitrage constant pour savoir qui en a fait le plus ou pas. « Je suis allée faire les courses », « Oui, mais moi j'ai accompagné Laure au judo », « C'est moi qui me suis levée cette nuit »… Cela nous place dans une posture de compétition perpétuelle qui est aussi mauvaise pour notre couple qu'une mite sur un pull en laine. Il fallait qu'on se rappelle qu'on jouait dans la même équipe.

On n'oublie pas de séduire l'autre. Depuis qu'on avait les filles, il n'y avait plus trop de filtre (à part sur nos photos), un peu comme si la fatigue et la folie de notre planning excusaient tout, même les pires choses. Je dois avouer, et je n'en suis vraiment pas fière, que oui… il m'arrive aujourd'hui… trop régulièrement… de… faire pipi la porte ouverte ! Dans un autre registre, je peine à me rappeler la dernière fois qu'Antoine a dégrafé mon soutien-gorge. Je crois sérieusement que mon généraliste l'a fait plus souvent que lui lors des cinq dernières années.

On passe en mode avion ! Une étude menée par David Spiegelhalter, professeur à l'université de Cambridge, m'avait largement alertée : le nombre de rapports sexuels ne cessait de chuter ! La faute à qui ? À l'hyperconnexion, of course ! À ce rythme-là, on risquait une fin des rapports sexuels en… 2030 ! Certes, tu connais mon appétence pour les scénarios de film catastrophe, mais là, il va falloir se prendre en mains et renouer le contact (physique, psychique, ou ce que tu voudras) de toute urgence !

20 DÉCEMBRE

SUR TOUS LES FRONTS…

La fin d'année approchant, je me devais de mettre le paquet côté cohésion interne au boulot. C'était bien là mon job de chief happiness officer. Je décidai d'assurer mon succès avec quelques basiques, comme la classique mais toujours efficace compétition du pull moche de Noël ainsi que la fête de fin d'année, haut lieu de débauche et de décompression.

Je pris aussi le parti d'apporter une petite touche plus personnelle avec quelques astuces pour booster la cohésion de groupe. Par exemple, chacun devait recevoir un coup de pouce d'un collègue sur ce qu'il souhaitait. Mon idée, c'était de montrer la force de l'entraide dans notre quotidien, parce que, pour citer ma bible de CHO, le *Harvard Business Review*, « offrir et recevoir de l'aide librement est l'une des façons les plus tangibles de nous sentir connectés à l'autre ».

Mais tout ça, c'était avant de savoir ce qui se tramait dans mon dos… avant qu'un poignard n'y soit délicatement planté. À 15 h 10, à un jour des congés officiels, nous recevions un mail. Pas pour nous annoncer une prime de fin d'année, ni même pour nous souhaiter de bonnes fêtes, non ! Un mail nous avisant d'une « réduction des effectifs compte tenu de la situation financière de l'entreprise », autrement dit, sans langue de bois, une vague de licenciements à venir. Ni le nombre, ni les noms, ni la date n'étaient fixés. C'était juste histoire de mettre l'ambiance avant Noël ! Les bât****. Et puis fuck, je peux bien te l'écrire à toi : les bâtards !

J'étais écœurée : le management n'avait même pas eu le courage de nous l'annoncer de vive voix… Je me rendis compte peu à peu que mon poste avait été créé pour encadrer tout ce merdier. J'étais déconfite. Intérieurement, une question me taraudait : pouvais-je être aussi la cible de cette vague de licenciements ? L'ambiance était glaciale, et ce n'était pas à cause de la neige.

Mes troupes étaient dans un tel état de stress, épuisées, fatiguées… Je me devais de leur venir en aide, et décidai de lancer à l'improviste une séance de cohérence cardiaque pour calmer les esprits !

MY HEART GOES BOOM

Je pars en quête d'un battement de cœur régulier.
Pour ça, j'adopte la méthode 3-6-5 :

3 fois par jour (matin, midi et soir),

je prends **6** respirations complètes par minute
(j'inspire sur 5 secondes et j'expire sur 5 secondes)

pendant **5** minutes.

Au final, il s'agit de 15 petites minutes par jour
(15 de moins sur Instagram, ah, ah !)
pour un max de bénéfices,
comme une meilleure
gestion de mon stress
et de mes
émotions !

Évidemment, tout cela n'avait pas effacé le trouble qui nous animait, mais ça prenait plus que jamais son sens pour parvenir à faire baisser le niveau de stress général.

Cela dit, ma journée à moi n'était pas terminée... loin de là ! En général, c'est précisément suite à ce genre de bonne grosse journée de merde qu'un « contrôle technique » de pédiatre venait se greffer. À moi l'heure passée dans la salle d'attente à me demander si mes puces, alors en bonne santé puisqu'il s'agissait d'une visite de routine, n'étaient pas en train de se choper une gastro, la grippe ou bien, pire, des poux ! À chaque contact physique avec l'un de leurs congénères, voire à chaque fois qu'elles prenaient en main une bande dessinée à la bibliothèque, je dégoulinais. Rien n'était fait pour m'aider, puisqu'il faisait 40 °C dans le cabinet. Et je te passe mes interrogations : « Le pédiatre va-t-il m'annoncer qu'elles sont trop petites ? Trop grandes ? Trop ou pas assez quelque chose ? »

C'était les montagnes russes dans ma tête. Après 30 minutes de consultation, je respirais de nouveau, tout allait bien ! Antoine, qui nous avait rejointes à la sortie du cabinet, me demanda discrètement pourquoi j'avais les joues toutes rouges comme après l'une de nos étreintes. Fatiguée par cette journée harassante et pleine de stress, je lui ai répondu que je venais de me taper notre pédiatre ! J'ai ri, il a ri... Nous sommes rentrés.

À y réfléchir, j'avais dû porter une dizaine de casquettes différentes dans cette seule et même journée : celle de maître du Temps pour que les filles ne soient pas en retard à l'école ; celle de taxi quand j'ai amené Clémence et Laure chez le pédiatre, en déposant au passage la petite Lucie, leur copine de classe, qui habite « juste » à côté (enfin, 10 kilomètres au sud, quand même) ; celle de candidate à *Top Chef* quand j'ai dû imaginer un repas anti-constipation pour Clémence ; celle de Marie Kondo quand, un peu énervée, j'ai pris le parti de jeter tout ce qui jonchait le sol dans le couloir (je n'aurais pas dû laisser traîner mon sac Sézane) ; celui d'infirmière quand il a fallu panser les plaies du dernier combat de catch des filles ; celle de coach quand j'ai dû dire à Laure de ne pas se laisser marcher sur les pieds par la petite peste de grande section qui l'embête à la récréation ; celle de compagne qui fait son maximum pour tenir une conversation éveillée tout en lorgnant discrètement son feed Instagram (en tâchant de ne pas se faire griller !)...

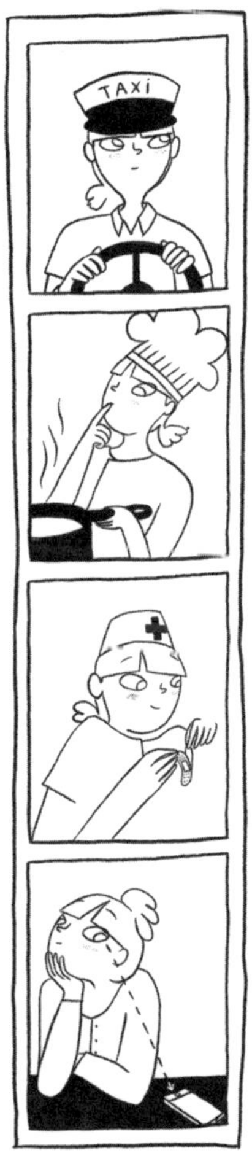

21 DÉCEMBRE

4e RÉUNION DES WVENGERS : COMME UN BESOIN DE TOUT COUPER !

En cette fin d'année, j'étais rincée, fatiguée, mais aussi submergée par un trop-plein de communication : mails du boulot, messages de nos familles pour l'organisation de Noël (savoir ce qu'on mangeait, à quelle heure...), notifications me rappelant tous les événements de fin d'année auxquels nous devions assister avec les filles (spectacle de l'école, goûters de leurs activités respectives...). J'avais appris à me connaître ces dernières années, et je savais que je n'étais pas loin d'imploser.

Heureusement, le thème de notre réunion des WVengers tombait à pic : la déconnexion. Voilà qui allait m'éviter de m'enfiler la tête dans la dinde pour ne la ressortir que l'année prochaine. Pour animer la séance, j'avais décidé de faire appel à deux expertes que j'avais rencontrées sur un event au boulot. Fabienne et Virginie étaient spécialisées dans les sujets de déconnexion. Elles avaient écrit tout un livre sur le sujet. C'était donc bien ce dont on avait besoin, là, tout de suite.

Fabienne et Virginie étaient des femmes pétillantes dont la bonne énergie était communicative. Pendant près d'une heure trente, elles nous ont confié leurs tips : « Vérifier vos mails plusieurs fois par heure, regarder votre téléphone dès qu'une notification apparaît, surfer sur les réseaux sociaux machinalement (et y passer beaucoup plus de temps que ce que vous aviez prévu), passer d'une vidéo YouTube à une autre sans vraiment y réfléchir, dégainer votre Smartphone alors que quelqu'un vous parle... ces comportements sont parfois devenus des réflexes, des automatismes qui ne vous procurent pas forcément de plaisir et qui ne vous sont pas vraiment utiles mais qui, dans tous les cas, répétés quotidiennement, sont très chronophages et épuisants. Et si vous appreniez à vous déconnecter de temps en temps pour vous retrouver, et vous reconnecter à ceux qui vous entourent ? »

Loin d'elles l'idée (et l'envie !) de prôner une déconnexion totale (ouf !). Elles nous ont plutôt invitées à repenser notre relation au digital pour mieux la gérer au quotidien et mieux utiliser notre temps. En toute sérénité. Elles nous ont d'abord interrogées sur notre consommation journalière. Charlie expliqua que, pour elle, c'était surtout pour le boulot qu'elle était connectée, pour ses mariées qui lui envoyaient des textos H24 : « J'ai peur de ne pas rentrer dans ma robe ! », « Est-ce que vous pouvez empêcher ma mère de faire un discours ? », « C'est possible de trouver un traiteur haut de gamme... pas cher ? », « Vous pouvez veiller à ce que ma témouine ne soit pas habillée trop sexy ? Vous comprenez, je dois rester au cœur de l'attention, je ne veux pas faire une Pippa Middleton ! » Elle était sursollicitée, tout le temps, sur tous types de sujets, et du coup elle ne pouvait jamais vraiment couper.

Je voyais que Gaya était assez anxieuse, et je savais pourquoi. Elle était effrayée à l'idée d'être pointée du doigt comme la mauvaise élève, ce qui avait dû lui arriver très rarement dans sa vie.

J'expliquai pour ma part que mon ultra-connexion commençait sérieusement à nuire à mon couple, mais que je ne savais pas trop comment y remédier. Enfin, si, je savais (il suffisait de couper...), mais je retombai trop souvent dans mes mauvaises habitudes. Dans une démarche d'honnêteté, j'ai aussi avoué au groupe que, quelques années plus tôt, j'avais planté la poussette des filles dans un horodateur à cause d'une story Instagram que j'essayais de terminer avant de les déposer à la crèche. Et ce n'était malheureusement pas un cas isolé.

Delphine était la moins accro d'entre nous ; elle pouvait passer quelques heures loin de son téléphone, ce qui forçait notre respect et était probablement le pire cauchemar de Gaya. Mais, peut-être pour me déculpabiliser, elle avoua avoir fait tomber son Smartphone sur le visage de Marin, 3 mois à l'époque, en essayant de prendre un selfie alors qu'il dormait sur elle.

Fabienne et Virginie nous ont alors proposé un petit exercice pour « se retrouver soi-même ». L'idée était hyper-simple à mettre en place.

ARRÊTE-TOI SI TU PEUX !

Je commence par prendre conscience de mon temps de connexion grâce à des outils dédiés de tracking #mêmepaspeur.

Je repère dans la semaine les moments où j'ai l'habitude de prendre systématiquement mon Smartphone pour me changer les idées : les transports en commun, la queue au supermarché, la salle d'attente chez le dentiste ou encore un déjeuner en solo.

Je prends ensuite mon agenda et je note (mentalement ou noir sur blanc) le moment où je choisis de lâcher pour la première fois cette habitude, pour voir ce que cela me fait. J'en profite pour couper les données cellulaires de mon portable et je le laisse hors de ma vue.

Je respire, je pense à de bons souvenirs ou à des perspectives sympathiques, j'observe autour de moi… Et c'est tout !

Virginie compléta : « Vous pouvez ensuite réitérer l'expérience en remplaçant votre Smartphone par un passe-temps que vous aimez (mais que vous avez peut-être délaissé) : lire un livre ou un magazine, écouter de la musique, faire une micro-sieste… »

Jusque-là, cela restait à notre portée !

Gaya se risqua à une question : « Quand vous nous dites de couper les données cellulaires, vous voulez dire *vraiment* tout couper ou on peut se mettre en mode "ne pas déranger" en cas d'urgence ? »

Sentant la détresse de Gaya, Fabienne et Virginie sont restées très pédagogues et lui ont expliqué que c'était vraiment à son rythme. Qu'il fallait qu'elle s'écoute. On échangea aussi sur le fait que, finalement, cette hyperconnexion nous coupait du monde qui nous entoure et qu'il ne fallait surtout pas oublier de se reconnecter aux autres.

Les filles nous ont alors proposé de faire, le plus souvent possible, un arrêt sur image au moment où on allait rédiger un mail ou un SMS pour poser une question ou donner une info simple à quelqu'un : « Ne rédigez rien et, si c'est OK pour vous dans le contexte donné, passez plutôt un coup de fil rapide à la personne en question. Au moins une fois par semaine. Autre défi : rangez votre Smartphone pendant vos déjeuners entre collègues ou vos dîners entre amies, histoire de profiter à fond du moment présent sans être distraite par des notifications ou des mails, qui peuvent largement attendre. »

On était motivées comme jamais, et certaines que ce serait aussi le déclencheur vers une vie meilleure. Et puis, c'était un joli moment de convivialité ! Ça m'avait manqué, ces derniers jours.

Avant qu'on ne se quitte, Gaya, comme prise de remords, se leva et lança solennellement : « Je suis accro aux réseaux sociaux. » On se serait cru aux Alcooliques anonymes. Le poids qu'elle semblait porter sur ses épaules était en tout cas presque aussi lourd que n'importe quelle autre dépendance. On la félicita pour sa démarche, et on la rassura en lui expliquant que nous aussi on était accros, que ce n'était pas si grave et qu'on n'allait pas se flageller, mais que, comme nous y invitaient les filles, il fallait choisir nos plages de connexion et juste éviter que ça devienne une habitude ! On se sentait toutes beaucoup plus légères !

22 DÉCEMBRE

LIBÉRÉE, DÉLIVRÉE

Entre la nouvelle du boulot, l'attente de résultats complémentaires pour ma sœur (cela devenait insoutenable) et la préparation du réveillon de Noël, toujours un peu dense côté organisation, j'avais quand même besoin d'aller vider mon sac chez ma copine Julia. Divorcée il y a quelques années, elle avait vite refait sa vie (et deux bambini) avec un sublime Italien sur lequel on bavait toutes. Julia était carriériste mais, depuis sa rencontre avec Marco, elle vivait la *dolce vita*. Chose qui ne serait jamais arrivée il y a quelques années, elle s'était octroyé quelques jours de break avant Noël en envoyant mari et enfants chez leur belle-mère ; elle les rejoindrait à Florence pour le réveillon. Elle restait donc à Paris, et en profitait pour faire tout ce qu'elle n'avait pas le temps de faire et pour s'occuper d'elle, m'avait-elle dit. Je l'avais félicitée pour cette belle initiative… et la jalousais aussi un peu il faut dire.

J'avais profité de mon jour de RTT, initialement posé pour boucler mes courses de Noël, pour lui faire une petite visite surprise et voir à quoi ressemblait une mère de famille nombreuse « en liberté ». Je sais que le concept de la visite surprise ne se fait plus. De nos jours, on prévoit, on organise, on planifie. Eh bien, au risque de surprendre, je décidai de me présenter en bas de chez Julia, trois tulipes et une bouteille de blanc à la main. Quand je me suis annoncée à l'interphone, elle a juste crié : « Oh ! Mais c'est super ! Attends, je t'ouvre… » Puis elle a enchaîné sur deux mots, « pousse fort », qui m'ont instantanément renvoyée à la scène de mon accouchement. À ma grande surprise, une larme m'est montée aux yeux. Je n'arrivais pas à détecter l'origine de cette larme : émotion, nostalgie, réminiscence du choc physique qu'avait été pour moi cet événement (pour lequel, d'après moi, on ne prépare pas assez les femmes)... Je crois même avoir senti mon périnée frémir.

// Aparté
Cela m'a d'ailleurs rappelé un autre moment de solitude dans le même registre, vécu avec mon adorable kinésithérapeute peu après l'accouchement. Alors que je lui demandais avec assurance des cours de « reconstruction », elle me corrigeait délicatement : « Vous voulez dire rééducation ? »

Eh bien non, à cet instant, dans ma tête, il était clairement question de « reconstruction ».
Fin de l'aparté //

Bref, en arrivant chez Julia, je me suis retrouvée face à une adolescente de quinze ans qui avait l'air de se préparer pour sa première sortie en boîte. Elle m'avoua même avoir piqué une clope dans le paquet de son mari. Elle ne l'avait pas allumée, mais je crois que la simple idée qu'elle pouvait cloper dans son appartement sans risquer d'intoxiquer ses enfants l'amusait beaucoup. Elle venait en tout cas clairement de passer une bonne heure à se pomponner sur un fond de Lady Gaga (version 2010). De la buée épaisse sortait de la salle de bains. Je lui demandai si elle allait quelque part, si je la dérangeais. Elle m'expliqua que pas du tout ! Elle faisait juste les « grands travaux »... et je savais qu'elle ne parlait pas de la déco de son appartement !

Elle était dans un état de jubilation palpable, et ma bouteille de vin, qu'on avait sifflée en vingt minutes, n'arrangeait rien à son hystérie, qui commençait à me gagner : « Nan, mais Alice, j'ai pris un bain, tu te rends compte ! Pas un bain à 37 °C, bordel ! Ni un bain avec Marcus de Pat Patrouille, si tu vois ce que je veux dire ? » Je voyais très bien ce qu'elle voulait dire, et je me réjouissais pour elle, mais je n'avais juste pas particulièrement envie de me figurer la scène.

De voir ma copine dans cet état me fit comprendre à quel point on avait tendance à s'oublier dans ce quotidien ! Elle avait l'air réconciliée avec elle-même et si détendue ! Je crois que la simple idée de se dire qu'elle avait pris ce temps pour elle suffisait à son bonheur.

Dans cet élan de confidence, je lui racontai ce que son « pousse fort » avait fait « jaillir » en moi (ou au fond de ma culotte, pour être exacte). Elle m'a alors promis de ne plus jamais prononcer ces mots ! Nous nous sommes alors laissées aller à quelques vers en prose...

ODE À MON PÉRINÉE

Oh toi dont j'ignorais l'existence (et l'orthographe)
il y a encore quelques années,

Tu es aujourd'hui le centre de tout mon intérêt,

L'objet de nos conversations filles pour les ~~dix~~ vingt prochaines années,

Oh toi, mon périnée trop souvent malmené,

Tu es désormais le compagnon de toutes mes virées
et élans d'émotion non anticipés,

Oh toi, mon périnée,

Jamais je ne t'oublierai ! (oh non jamais)

23 DÉCEMBRE

QU'UNE PUTAIN DE VIE !

Je ne crois pas au père Noël. Dès que les filles m'en parlent ou qu'elles évoquent le passage de la petite souris, j'arbore un regard fuyant.

À la rigueur, je crois peut-être à la mère Noël, et encore. Je ne crois pas au miracle de Noël qui surviendrait seulement en cette période de fin d'année sous un ciel enneigé et au coin de la cheminée. Pourtant, je suis la première consommatrice des téléfilms de Noël, dont c'est précisément le scénario.

Je suis une fille rationnelle, qui a les pieds sur terre.

Mais voilà, cette année nous avons eu notre miracle de Noël.

Après des semaines d'angoisse, d'examens poussés, d'attente, d'avis divers et variés, nous apprenons ce matin que la grosseur de ma sœur est bénigne ! BÉ-NI-GNE.

Je crois que je n'ai jamais autant apprécié la consonance d'un mot.

Nous nous étions préparés à tout, sauf à cela. Nous étions prêts à nous battre contre ce fucking C, prêts à lui faire la peau. Mais voilà, la magie de Noël avait frappé. Nous étions euphoriques.

Je me promettais d'essayer au maximum de profiter de chaque instant, et surtout d'arrêter de courir après ma vie.

Résolution, intention... prends-le comme tu veux, mais cette année, c'est décidé : « Je dis merci à la vie, je lui dis merci, je chante la vie, je danse la vie... », comme le dit si bien Édouard Baer dans *Mission Cléopâtre*.

25 DÉCEMBRE

UN NOËL LOL (LOT OF LOVE)

Du coup, on a décidé d'opérer un petit retour à l'essentiel pour ces fêtes de fin d'année. L'idée, ce n'était pas tant de miser sur la profusion de cadeaux que de passer un moment authentique et convivial tous ensemble. Pour l'occasion, j'ai proposé à ma sœur et à sa famille ainsi qu'à mes parents de se joindre à nous. Le mot d'ordre : faire simple. On a donc limité les cadeaux (pour les adultes, en tout cas) à un par personne en faisant un petit tirage au sort.

Pour rendre la soirée un peu plus piquante, j'ai juste proposé de mettre en place des petits défis. La veille du réveillon, chacun a dû tirer une carte secrète lui donnant une mission.

Laure s'est retrouvée en charge de la décoration, et elle avait carte blanche. Du coup, on a eu une déco aux couleurs de la reine des Neiges qui faisait tout sauf Noël, ce qui n'était rien au regard de la fierté de mon petit bout.

Clémence, elle, est tombée sur la carte « dessert », et ça lui allait bien. En amenant son gâteau au chocolat à la fin du repas, elle nous a dit : « Comme maman, j'ai pris un gâteau tout fait et je l'ai mis dans un joli plat maison » !

Avec ma sœur, on s'est débrouillées pour que notre mère tombe sur la carte LOL, qui consistait à placer le mot autant de fois que possible dans la soirée.

Pour ma part, je devais me la raconter pendant tout le dîner, et Marine a tiré la carte : « Imite Alice toute la soirée. » C'était jubilatoire !

Chacun a joué le jeu, et je crois pouvoir dire avec certitude qu'on n'a jamais autant rigolé à un réveillon !

10 JANVIER

5e RÉUNION DES WVENGERS : ÇA NOUS ARRIVE À TOUTES

Pour bien commencer l'année, on s'était calé une petite réunion. L'idée n'était pas de dresser la liste de nos bonnes résolutions, un concept que je déteste et qui se résume à se mettre la pression et à viser des objectifs qu'on sait illusoires dès le début d'année. Avec les filles, on s'était dit que ce serait plus sympa de s'écrire un genre de lettre d'intention à soi-même. Pour rendre la chose plus personnelle, on a décidé de l'écrire à l'ancienne, avec un vrai papier et un vrai crayon. Je m'en étais voulu d'avoir proposé ça, parce que ma lettre était pleine de ratures (il faut dire que je n'avais pas écrit à la main depuis le chèque pour l'inscription au judo). Au moins, elle était à mon image… imparfaite mais vivante ! Encore une fois, on était libre de partager ou non notre lettre d'intention avec le groupe. Même si j'avais la frousse, j'avais décidé de me lancer et d'ouvrir mon cœur à ces trois femmes.

Chère Alice, chère moi, chère toi,

Cette année, tu me feras le plaisir d'arrêter de te juger si sévèrement et d'être aussi exigeante avec toi-même. Tu es une femme, une compagne, une mère de famille, une collègue, une amie, une sœur… Toutes ces facettes font de toi ce que tu es aujourd'hui, mais tu dois accepter que tu ne peux pas être tout le temps sur tous les fronts. Faire un pas de côté pour penser à toi ne fera pas de toi une mauvaise personne, au contraire. Tu te dois d'arrêter cette course effrénée, cette quête de perfection. Fais-toi le cadeau de profiter de ce que tu as déjà autour de toi et de t'en émerveiller.

Fais-toi le cadeau d'être plus indulgente avec toi-même, de t'écouter, de te faire confiance. Parce que, comme le dit Beyoncé, « la chose la plus sexy au monde, c'est une femme qui a confiance en elle ». Cesse donc les séances d'autoflagellation. Cesse de te faire bouffer par la culpabilité.

N'oublie pas que tu fais de ton mieux, et c'est déjà énorme.

Voyant les filles réagir à cette dernière phrase, je leur proposai de se lever et de la scander en chœur: « Je fais de mon mieux, et c'est déjà pas mal ; je fais de mon mieux, et c'est déjà pas mal ; je fais de mon mieux, et c'est déjà pas mal. »

Delphine nous expliqua alors que sa lettre d'intention était articulée autour de la même idée, l'indulgence envers elle-même, et que pour passer à l'action au plus vite elle avait fait quelques premières recherches sur l'autocompassion. Elle était tombée, entre autres, sur les recherches du docteur Kristin Neff, de l'université du Texas, qui expliquait comment adopter l'autocompassion. Elle nous en résuma les grands principes…

DROIT À L'ERREUR

- Je suis indulgente avec moi-même dans les moments d'échec. Je ne me juge pas trop sévèrement #nodramalama

- Je me rappelle que je ne suis probablement pas seule à avoir vécu cette épreuve et tel ou tel échec. Cela fait partie d'une expérience humaine globale.

- Je reste dans le réel, je ne surdimensionne ni n'exagère l'expérience difficile que je suis en train de vivre.

Ces propos réchauffèrent mon cœur, le fondement de notre petit groupe étant justement de se rappeler que nous ne sommes pas seules à avoir vécu tel ou tel échec.

J'en ai profité pour exposer le petit outil qui me permettait bien souvent de relativiser au quotidien…

ÇA NOUS ARRIVE À TOUTES

Je dresse la liste de toutes les petites choses du quotidien qui peuvent nous faire culpabiliser mais pour lesquelles il ne faut pas se jeter de cailloux parce que… ça nous arrive à toutes !

Ça nous arrive à toutes de dire à notre mari qu'on s'est levée trois fois la nuit, reveillée par des pleurs, alors qu'en fait on n'a pas bougé d'un pouce.

Ça nous arrive à toutes de nous prendre un poteau dans la rue parce qu'on est en train de valider notre panier Zara en ligne.

Ça nous arrive à toutes de nous inventer un drame pour légitimer l'engloutissement d'un moelleux triple chocolat !

Ça nous arrive à toutes d'aller chercher la réponse à une question de notre enfant sur Google et de flamber en donnant la réponse avec de nombreux détails techniques ! « De quoi sont faites les étoiles ? Alors tu vois, ma chérie, une étoile est un objet céleste en rotation, de forme sphérique, constitué essentiellement de plasma, et dont la structure est modelée par la gravité. » Dr Wikipédia…

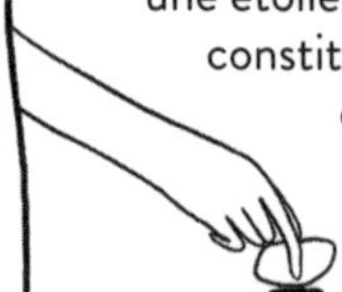

Gaya, quant à elle, était en train de tourner les pages de son *Psychologies Magazine* avec vivacité. Elle voulait nous parler d'un texte du philosophe Alexandre Jollien (un homme que j'ai eu l'occasion d'entendre une fois lors d'une conférence) qui lui était cher et qui lui permettait de prendre du recul dans les jours sombres. Elle s'agaçait, ne retrouvant pas la page. Je l'ai mise à l'aise en lui disant que ce serait justement mieux qu'elle nous en retranscrive l'idée générale avec ses mots à elle. Je sentais bien que cela représentait un effort pour elle, toujours dans le contrôle, mais qu'il fallait parfois la pousser hors de sa zone de confort.

Elle se lança : « Oui… c'est un joli texte, extrait d'un des livres d'Alexandre Jollien, qui invite à se répéter ces quelques mots en période de trouble : "Ce n'est pas compliqué." L'idée est de ne pas en rajouter quand ça ne va pas, d'essayer de calmer son mental en revenant dans le réel, en ayant conscience que ce qui se passe dans notre tête est parfois fantasmé, qu'on s'emballe. Ces quelques mots permettent ainsi de se rapprocher de la solution. En tout cas, j'y ai trouvé un vrai exutoire dans les moments où je perds pied ! »

Entendre Gaya se livrer, avouer qu'elle n'allait pas toujours bien comme elle semblait vouloir le faire croire et partager avec nous ce joli texte me mettait du baume au cœur. Je la remerciai de partager les mots de ce grand homme avec nous.

Il ne manquait plus que l'intervention de Charlie. Je sentais que quelque chose se tramait… Elle semblait impatiente, elle trépignait. La connaissant, on pouvait s'attendre à tout !

« Alors voilà, de mon côté, plus qu'une lettre d'intention c'est un petit cadeau que j'avais envie de vous faire ! [Le suspense était plus pesant que pendant le dernier épisode de la S8 de *Game of Thrones.*] Je nous ai inscrites toutes les quatre à un stage intitulé "Sisu… mais pas que !" en Finlande ! »

Face à nos yeux écarquillés, elle comprit que nous n'étions pas familières avec la notion de *sisu.* « Il s'agit de la philosophie de vie finlandaise, un état d'esprit qui vise à surmonter les épreuves de la vie et à développer sa force intérieure. Un genre d'*empowerment* à la sauce scandinave, quoi ! »

Je décidai de briller un instant en exposant ma culture : « Ah oui ! C'est un de ces courants bien-être venus du Nord, comme le *hygge* danois ou encore le *lagom* suédois. Avec les filles et Antoine, on a intégré les dimanches hygge, c'est-à-dire en mode cocooning, et ça nous fait un bien fou. De mon côté, je tâche au maximum d'être une fille lagom, dans la juste mesure,

la modération, l'équilibre et le fait d'apprécier ce que j'ai ! » Les filles étaient emballées ! Pour preuve, les onomatopées pleuvaient : « Waouh ! », « Ohhh... », « Yéééh ! » L'excitation nous gagnait, on s'y voyait déjà ! Mais les questions logistiques qui découlaient prirent vite le dessus : « Mais c'est quand, ce stage ? Combien de temps ? Tu sais qu'on a des enfants, on ne peut pas partir comme ça sur un claquement de doigts ! »... C'était la panique à bord... Moi-même, j'étais soudainement assaillie par un grand nombre d'interrogations, mais je repris mon souffle petit à petit. Ce stage, c'était quand même une sacrée bonne initiative !

Je rassurai donc les esprits échauffés en disant qu'on trouverait des solutions, que ce n'était que pour trois jours, après tout, et qu'il fallait remercier Charlie pour cette jolie surprise.

Delphine, inquiète par l'empreinte carbone que pouvait représenter ce voyage, tenta de demander à Charlie si on ne pouvait pas faire le trajet à vélo. J'avais lu un article là-dessus, c'était ce qu'on appelait le *flygskam*, la honte de prendre l'avion en suédois, et donc de chercher des solutions annexes, comme le train. On a expliqué à Delphine que, vu le timing serré, c'était compliqué, mais que pour compenser on s'engageait à ne pas manger de viande du séjour. Elle a eu l'air rassurée et touchée par notre geste.

15 JANVIER

EN PROGRÈS

Hier soir, Antoine est venu se coucher avec son nouveau bas de pyjama. Je saluai cette initiative de ne pas se laisser aller jusque dans notre lit conjugal, et m'aperçus alors que, me concernant, le critère « confort » primait de plus en plus sur le « sexy glam » ou au moins le « sans trou, ni délavé, ni taille XXL ». Mais le temps n'était pas à l'autoflagellation, un tout autre combat se jouait.

Avant qu'il ne saute sous la couette, j'ai regardé Antoine, il m'a regardé... et puis rien ! Je savais qu'il savait ce qui se tramait dans mon esprit. Qu'il attendait ma pique, ma phrase assassine de mégère acariâtre. Mais rien...

Pourtant, mon cerveau tournait alors aussi vite que celui de Sherlock : il avait acheté son pantalon ce samedi à 17 heures, je n'avais pas entendu la machine à laver tourner depuis, son pantalon était sec, il était donc techniquement impossible qu'il soit passé par la case lavage. Intérieurement, je bouillonnais. La simple idée que quelqu'un d'autre ait pu essayer ce bas de pyjama avant lui... Évidemment, dans mon esprit, c'était un homme transpirant...

Mais voilà, c'était là que tout se jouait. Je devais l'étonner par mon attitude décontractée. Il allait se coucher à mes côtés, voilà. Dans ce pantalon rempli de germes, voilà. Coup du sort : probablement séduit par ma décontraction, il décida de se mettre derrière moi en cuillère et de me serrer dans ses bras. Son bas de pyjama et moi ne faisions plus qu'un désormais !

24 JANVIER

L'ART DE PRENDRE DU RECUL QUAND ÇA TOUCHE À NOTRE PROGÉNITURE

Avant l'arrivée des filles, j'avais fait un joli travail sur moi, je paniquais moins pour tout et pour rien. J'étais moins sous l'emprise de mes émotions. J'arrivais à rationaliser les imprévus qui pouvaient s'immiscer dans mon quotidien. Depuis qu'elles ont déboulé dans ma vie, tout est bousculé. Chaque micro-événement prend une ampleur hallucinante.

Cela a commencé dès leur naissance. Lors de sa première semaine de vie, Clémence était constipée (du coup, moi aussi). Je me suis mise alors à compter les heures, les jours, et je subissais la tension et la déception qui suivaient chaque ouverture de couche... vide. C'était la seule de mes pensées, il fallait qu'elle se débloque, sinon cela pouvait poser des complications pour un si petit nourrisson. Nous avons tout tenté, les massages, changer d'eau, les incantations... Je n'en dormais plus la nuit, et cela ne devait pas franchement l'aider à se détendre. J'étais désespérée, aussi Antoine, les jumelles et moi sommes allés consulter la PMI de notre quartier. Je m'en souviens comme si c'était hier. C'était l'une de nos premières sorties officielles. À cause de ma déchirure/épisio, je m'étais fait doubler par une mamie centenaire. Novices, nous étions partis avec les bébés en poussette sans bâche (et il pleuvait) et sans sac de change. Quand nous sommes arrivés sur place, une fée (vraiment, je n'exagère pas) nous a reçus avec toute la bienveillance du monde. Elle a pris Clémence et l'a massée pendant quelques minutes. Je me suis écroulée en larmes quand j'ai vu enfin une « matière fécale » sortir du postérieur de ma fille. L'ampleur que prend chaque souci touchant à nos enfants peut paraître complètement exagérée ! Je me revois sortir de la PMI et appeler en pleurant ma mère, qui pleurait elle aussi par solidarité. J'avais envie de tweeter l'info haut et fort : « MA FILLE A FAIT CACA #Jerevis. »

Tout cela ne s'arrange évidemment pas quand ils grandissent, au contraire ! Je te raconte ça parce qu'il y a deux jours, la maîtresse des filles a lancé à Antoine un « Ce serait bien qu'on se voit avec votre femme pour discuter ». J'ai complètement paniqué. Que me voulait-elle ? C'était forcément négatif ! Je me suis dit à ce moment-là qu'on ne demande pas un rendez-vous à des parents pour leur dire à quel point leurs enfants sont merveilleux. Pendant deux jours, ses mots ont pris une ampleur hallucinante dans ma tête. Tout cela pour finalement découvrir que les filles avaient dit à leur maîtresse que j'étais Madame Bonheur au travail, et que celle-ci souhaitait donc avoir un contact pour mettre en place des ateliers de méditation avec les enfants...

Cela marche aussi à l'inverse, en cas d'accomplissement : là aussi, les émotions sont multipliées par dix. La dernière fois qu'elles ont attrapé un pompon au manège, par exemple, j'ai été prise d'un élan de fierté incommensurable, les imaginant déjà à Harvard ! J'ai posté la news sur tous mes réseaux sociaux !

Avec nos têtes blondes, toute émotion est décuplée, mais, avec le temps, je me suis concocté un petit rituel pour laisser passer la vague.

JE LAISSE COULER !

J'accueille mes émotions négatives.

D'après les croyances bouddhistes, toute chose est vouée à disparaître (c'est l'impermanence, *anitya* en sanskrit, *anicca* en pali). **Dans la vie comme dans notre tête**, tout est destiné à changer et à évoluer. L'idée, c'est donc d'accepter mes pensées négatives sans les combattre ; de toute façon, elles sont temporaires. **En bref**, je devais apprendre à « lâcher du mou » (j'espère que le dalaï-lama me pardonnera cette vulgarisation). En tout cas, j'aimais cette idée !

Pour ça, j'ai ma petite technique de visualisation.

Je me projette sur ma planche de surf dans les vagues de Biarritz (en vrai, je ne surfe pas, mais ici tout est permis). Je m'imagine face à cette vague gigantesque de soucis et d'émotions parasites. Pour ne pas me faire avaler par son rouleau, je ne dois pas la combattre mais utiliser sa force et son énergie pour avancer. Et je me laisse glisser…

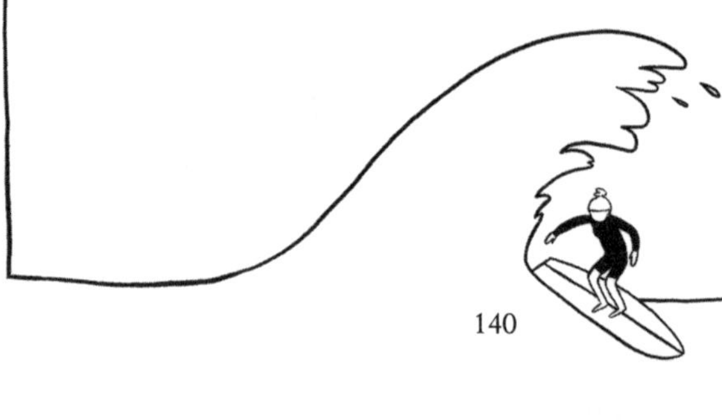

30 JANVIER

MOOD DU JOUR

La vie, CE N'EST **PAS** d'ATTENDRE **QUE LES** ORAGES **PASSENT,** C'EST d'APPRENDRE comment DANSER SOUS LA PLUIE

–SÉNÈQUE–

7 FÉVRIER

SI, SI, C'EST PARTI EN MODE SISU & CIE

Motivées à l'idée de notre voyage, nous étions toutes parvenues à nous organiser : conjoints, (saints) grands-parents, sœurs, nounous… De mon côté, j'en avais même parlé à mon boulot. Ils étaient très enthousiastes à l'idée que je fasse ce stage, mais évidemment pas au point de me le financer !

Bref, afin d'en profiter au mieux, j'avais décidé de me renseigner sur ce fameux sisu. La spontanéité et moi, ça fait deux… même si dans certaines situations ultimes, comme un mail m'annonçant des ventes privées, je peux faire preuve de flexibilité !

J'avais donc potassé en partant de cette vidéo TEDx de la chercheuse Emilia Lahti, qui en avait fait son sujet de recherche. Je découvris d'abord que le sisu, même s'il n'existait pas de traduction littérale pour ce terme, se rapprochait de l'idée de « tripes ». Il était aussi assimilé à des notions de courage, de détermination, d'honnêteté et d'intégrité. Ça me plaisait bien !

Je commençai à cerner ce qui avait poussé Charlie à nous inscrire à ce stage. Dans notre quotidien de femme, on se dépasse constamment, on se surpasse même souvent, mais pas toujours dans un sens positif ! Je ressens trop souvent une sensation d'épuisement, je me sens à bout, fatiguée. L'idée de ce stage était de remettre du sens dans notre quotidien, de prioriser nos objectifs de vie sans avoir pour autant peur de montrer nos faiblesses. J'étais curieuse d'en savoir plus ! Et puis, le stage s'ouvrait sur d'autres notions dédiées au bien-être, c'était un moyen de réviser mes bases de développement personnel !

On s'était donné rendez-vous à l'aéroport deux heures avant le départ du vol pour Helsinki. Il y avait celles, comme Delphine et moi (#controlfreak), qui arrivaient une heure avant notre rendez-vous. Les *just in time*, comme Gaya, que sa perfection poussait à arriver pile à l'heure ! Et les plus à l'arrache, comme Charlie, qui arriva avec son petit quart d'heure de retard, prétextant une urgence de boulot.

J'avais l'impression de me retrouver dans l'un de mes films fétiches *Bridesmaid* (Mes meilleures amies, en français). Un groupe de femmes de tous styles partant en roadtrip, c'était prometteur. Ou était-ce *Sex In The City* ? Après tout, nous étions quatre aussi !

Gaya avait un look très étudié, essayant je pense de se rapprocher de ce qu'elle avait imaginé comme étant la mode finlandaise : une tenue minimaliste basée sur des matières nobles, le tout en bleu et blanc pour rappeler le drapeau. Charlie quant à elle ne quittait pas son téléphone à cause d'une mariée hystérique à laquelle elle avait du mal à expliquer qu'elle serait injoignable pendant quatre jours. Delphine réfléchissait toujours à des solutions pour réduire l'empreinte carbone de notre vol. De mon côté, je regardais des photos des filles en attendant l'embarquement.

Le stage se déroulait sur l'île de Suomenlinna, face à Helsinki, un genre de forteresse maritime qui lui conférait des allures de fort Boyard. On allait voir du pays !

Le voyage jusqu'à l'île était un peu long, mais les conversations allaient bon train. Nos vies de famille, nos jobs, nos enfants, nos mères, nos belles-mères, le dernier épisode (décevant) de *The Good Wife*... Il n'y a jamais eu de moment de blanc.

Arrivées sur le lieu du stage, nous nous sommes laissées gagner, malgré la fatigue du voyage, par la beauté et la magie du lieu qui allait être nôtre pendant ces quatre jours. Un bel homme, qui semblait être l'intendant général des lieux et répondait à tous les stéréotypes de l'homme du Grand Nord, nous accueillit. Il avait le nom d'une chaise Ikea : Odger. C'est d'ailleurs ce que Charlie s'empressa de nous faire remarquer : « Mais je vous jure que c'est le nom du modèle de mes chaises de salon, les meufs. »

Gaya échangea quelques mots en finlandais avec lui, puis se tourna vers nous pour nous expliquer : « Oui, je parle un peu finlandais. » *I bet you do,* pensai-je très fort. Oui, cela m'arrive de penser en anglais à l'étranger #teamJCVD.

On rejoignit rapidement nos habitations pour découvrir ce qu'on appelle là-bas *mökkielämä,* à savoir la vie de chalet. Rien que de me retrouver au grand air, je me sentais déjà ressourcée.

À peine le temps de poser nos affaires que nous étions appelées pour un briefing d'accueil. Nous étions une quinzaine de femmes venues de divers pays. Dans le lot, une autre Française, Laura, qui venait de Rennes.

Odger nous présenta à Eija, une belle femme d'âge mûr aux faux airs de Glenn Close qui semblait être notre « maîtresse spirituelle ». Elle attaqua par un discours poignant sur la place des femmes dans notre société, ce rythme de vie effréné que l'on s'impose en passant à côté de l'essentiel, de ce qui compte vraiment dans la vie. Et, crois-le ou pas, elle enchaîna sur une citation du discours de Glenn Close aux Golden Globes : « Nous les femmes, nous devons nous épanouir personnellement. Nous devons nous réaliser et suivre nos rêves ! Nous devons dire : je peux le faire et je suis autorisée à le faire. »

J'étais motivée, j'avais les poils qui se dressaient sur mes avant-bras ! On avait trouvé notre Michelle Obama finlandaise. La joie pouvait se lire sur le visage de chaque femme qui se sentait soudain comprise. Encore une fois, et à notre plus grand étonnement, Gaya avait la larme à l'œil. Eija poursuivit : « Comme vous avez dû le découvrir dans notre brochure, l'idée de ce stage est de vous sensibiliser à la philosophie de vie et l'état d'esprit scandinaves ! Il nous tenait particulièrement à cœur de vous familiariser avec une notion peut-être un peu moins connue que le hygge ou encore son cousin, le lagom. Il s'agit du sisu. En Finlande, on estime que le sisu permet de surmonter les obstacles, que ce soit les barrières qu'on peut se dresser soi-même ou les épreuves de la vie, ou parfois simplement lorsque nous sommes confrontés à l'adversité du quotidien ; c'est une forme de courage, ce sont en quelque sorte les "tripes" (terme qui serait d'ailleurs la traduction littérale de sisu). Cela nous permet de puiser notre force en nous… Le sisu, on l'a toutes en nous. »

Les paroles « On a tous quelque chose en nous de Tennessee » résonnèrent alors dans mes oreilles, ainsi qu'une vague d'émotion à l'idée que Johnny n'est plus, mais je m'éparpille. Eija reprit : « On a toutes du sisu en nous, et on va apprendre à le cultiver grâce aux trois jours qu'on va passer ensemble. L'idée, c'est donc aussi naturellement de mettre l'entraide au cœur de notre parcours, de laisser place à l'échange et de confronter nos expériences de vie. » Je crois me rappeler qu'elle a alors terminé par : « Que la force (intérieure) soit avec nous ! »

Dans la foulée, Eija lançait le premier atelier, qu'elle appelait « Rendez-vous avec moi-même ». Elle nous expliqua que le sisu, c'était avant tout de veiller à son énergie, et qu'il était question de prendre soin de soi. « Prendre soin de soi » pour une mère… on a bien envie de croire que c'est possible, mais en pratique c'est une autre affaire !

Mais le temps était au bilan. Il s'agissait de se poser individuellement et de s'interroger sur les moments qu'on a pris pour soi dans l'année écoulée. Il pouvait s'agir d'un instant lecture, d'une activité sportive, de méditation (hors séance de Candy Crush)… Le champ était vaste. Le résultat fut sans appel…

Les participantes se regardaient, un peu embarrassées. Je pensais être la bonne élève du groupe puisque j'avais pris la résolution, à la rentrée de septembre, d'attaquer chaque journée par ce que j'avais appelé ma petite bulle d'inspiration, mais je venais de me rendre compte que ma bulle avait explosé aussi vite qu'une bulle de savon. Cette bonne résolution était vite tombée aux oubliettes, et mon petit rituel, complètement balayé par la folie du quotidien.

Voyant nos mines déconfites, Eija nous proposa un petit exercice…

JE PRENDS RENDEZ-VOUS AVEC MOI-MÊME

Je fais le bilan et je note tous les moments que j'ai pris pour moi ces derniers temps.

Je m'interroge sur la possibilité d'instaurer au moins un rendez-vous par semaine avec moi-même, que je note dans mon agenda pour ne pas l'oublier. Surtout, je fixe un objectif atteignable, et réaliste par rapport à mon planning de First Lady !

Je dresse la liste de ce qui m'a empêchée de le mettre en place plus tôt (pas le temps, culpabilité, procrastination…).

Je détermine ce qui me ferait le plus de bien, le plus plaisir.

Je m'y tiens ! Comme pour un rendez-vous chez la dermatologue, je ne décommande pas !

Pour être certaine d'honorer ce pacte, je nomme une marraine à qui je devrai faire tous les mois un petit bilan de ces rendez-vous passés avec soi-même.

C'était simple, mais c'était clairement le point de départ vers une vie plus sereine et plus à l'écoute de soi.

On enchaîna sur un petit dîner festif avant d'aller se coucher. C'était drôle d'étudier le rituel beauté du soir de femmes si différentes. Charlie, qui avait l'habitude de rentrer tard de ses événements, était très organisée ! Chaque geste pour se démaquiller était millimétré, précis. On a senti que Gaya était un peu fébrile à l'idée de faire tomber le masque… de maquillage ! Mais c'était ça ou risquer un spoting le lendemain matin. Elle faisait partie de ces femmes qu'on découvrait encore plus jolies au naturel. J'avais envie de lui demander pourquoi elle se cachait derrière des couches de maquillage, mais ne voulait pas la vexer. Delphine quant à elle avait un attirail 100 % zéro déchet qui suscita notre intérêt à toutes : savon d'Alep, brosse à dents en bambou, dentifrice naturel home made, un oriculi (pour remplacer les cotons-tiges), carrés démaquillants lavables… « Plus de coton. Plus besoin de penser à les acheter, et en plus c'est hyperdoux. » Elle m'avait convaincue au sujet des carrés démaquillants, d'autant que j'avais plutôt le profil à me choper un morceau de papier toilette à l'arrache pour me démaquiller, ce qui me valait d'avoir une peau légèrement capricieuse à tendance acnéique.

Ne restait plus qu'à profiter pleinement de cette nuit qui s'offrait à nous sans risquer de nous faire réveiller par les appels nocturnes des enfants, mais c'était sans compter sur cette chouette qui avait décidé d'élire domicile au-dessus de notre chalet et sur les ronflements de Gaya… ce qui nous laissa enfin entrevoir une faille à sa perfection !

sois ~~belle~~ ~~tais~~-toi
♥

8 FÉVRIER

SISU MUST GO ON !

7 h 12

Évidemment, aucune de nous n'était parvenue à pousser la grasse matinée après 7 heures du matin, mais la simple idée de se dire qu'on pouvait traîner encore une heure au lit si on le voulait avant notre rendez-vous de 10 heures, c'était divin.

Au bout de quinze minutes de community management* et des textos d'amour à ma famille, je me dis qu'il fallait profiter du cadre et partir se balader, et je saisis l'occasion de faire un quart d'heure de digital detox. Eh oui ! j'ai eu la force de laisser mon Smartphone à la cabane !

En sortant du chalet… une surprise, ou plutôt une rencontre. Ce n'était finalement pas une chouette qui avait élu domicile devant notre fenêtre, mais un renne ! J'étais alors partagée entre l'envie de crier et celle de lui faire un câlin tellement il était mignon. Si j'avais eu mon fucking téléphone, j'aurais vite vérifié sur Google si un tel animal pouvait montrer des signes d'hostilité. Je ne pouvais finalement que me fier à mon instinct. Avec Gaya, qui s'était jointe à moi, on a décidé de le contourner calmement, de le contempler, puis d'attaquer notre promenade. Mais voilà, celui qu'on avait, de façon très originale, surnommé Rudolph ne nous lâchait pas. Il marchait derrière nous tranquillement, et ne semblait pas vouloir manquer une miette de notre conversation. J'ai sérieusement cru l'entendre se ficher de nous à un moment, mais je suis de nature un peu paranoïaque ! Cette balade, ce fut pour moi l'occasion de percer le mystère Gaya… Je sentais depuis

**Comprends de nombreux allers et retours Facebook-Instagram et la publication d'un post à la fois mystérieux, inspirant et agaçant : « Parenthèse enchantée dans un endroit magique #lovemylife #goodvibes #… ».*

longtemps que quelque chose se cachait derrière cette carapace de perfection. J'essayai d'en savoir plus sur sa vie de famille, ses proches, ses motivations concrètes à rejoindre notre groupe.

Au fil de la conversation, je découvris qu'un terrible mal la guettait. À tant se convaincre qu'elle devait afficher cette image de perfection, que c'était cela qu'on attendait d'elle, elle était devenue encore plus intransigeante envers elle-même que nous. Elle ne se pardonnait rien, et elle en souffrait terriblement. J'ai alors essayé de lui expliquer qu'au contraire ses imperfections la rendraient plus attachante à nos yeux, et probablement aux yeux de ses proches. Mes mots semblaient la faire revivre...

À trop flâner, on s'était mises en retard pour notre atelier. Alors que je m'apprêtai à chevaucher Rudolph pour galoper jusqu'à l'atelier telle Daenerys sur son dragon, Gaya m'a regardée avec un sourire en coin : « On s'en fout si on est en retard de 5 minutes, non ? »

Je lui lançai alors un regard nourri d'autant de fierté que quand ma Laure avait fait son premier dribble au foot. Je ne te raconte pas comme on a fait sensation en arrivant à dos de renne (on a appris plus tard qu'il était domestiqué).

10 heures

Le thème de l'atelier, c'était de définir ce qu'Eija appelait nos forces de caractère. Pour se rappeler que, oui, même si on doute, qu'on n'est pas toujours bien dans nos Stan Smith, chaque être humain dispose de forces de caractère. C'était bon de l'entendre ! Elle nous expliqua que les chercheurs Seligman, Myers et Peterson en avaient répertorié vingt-quatre à l'origine ! L'idée, c'était de découvrir quelles étaient nos forces pour mieux les mettre en action, sachant que plus on mettait celles-ci en pratique plus on avait de chances d'être épanouies !

Il nous fallait répondre à un questionnaire en ligne, de plus de deux cents questions tout de même, répertoriées en six catégories correspondant à des vertus universelles : sagesse et connaissance ; courage ; humanisme ; justice ; tempérance ; transcendance.

J'avoue avoir dû « faire appel à un ami » pour me familiariser avec la notion de tempérance. Je découvris qu'il s'agissait de modérer ses plaisirs. Il était donc question de maîtrise de soi, de prudence… Après trente bonnes minutes à répondre à des questions, les résultats sont tombés. J'étais aussi fébrile que pour ceux du baccalauréat : humour, gentillesse, amour, créativité et persévérance.

Cela poussait sérieusement à la réflexion. Déjà, en nana qui ne pète pas de confiance en elle, j'étais rassurée de savoir que j'avais des forces de caractère. Ensuite, rien que le fait de mettre un mot dessus, de les nommer, me donnait envie d'aller plus loin, de mieux les appliquer dans mon quotidien. D'ailleurs, c'était précisément une des motivations de notre groupe !

J'ai été étonnée de découvrir que la persévérance faisait partie de mes forces de caractère. Moi qui pensais plutôt être de nature zappeuse (si ce n'est ma fidélité sans nulle faille à la bière blonde depuis des années). C'était d'ailleurs l'une des rengaines d'Eija : « *Never give up* ! Mais surtout, ne vous oubliez pas vous-même. »

C'est évidemment ce qui se passe trop souvent. On vit à cent à l'heure sans vraiment prendre le temps de savoir où on va, pour qui, pour quoi... Le message du sisu, c'était « aller de l'avant, mais pas n'importe où ni à n'importe quel prix ».

Plus on avançait dans le stage et plus je comprenais que l'idée générale n'était pas de se dépasser dans l'idée d'aller plus loin, de faire plus, mais dans celle de surmonter ses peurs tout en respectant ses limites.

13 h 15

Après un break mérité et une collation veggie, Eija nous demanda quel avait été l'événement le plus stressant que l'on ait vécu cette année. J'ai hésité à annoncer le mien de peur d'être vue comme une pauvre fille, mais, dans une démarche d'honnêteté, je me lançai : « L'organisation de l'anniversaire de mes jumelles. » Très étonnamment, aucune des mamans présentes ne se moqua. Au contraire, elles avaient pris un air grave de stupeur et d'angoisse, un peu comme si je venais de leur annoncer que j'arrêtais l'apéro. Eija a alors salué mon courage et m'a demandé ce qui, pour moi, avait fait de ce bel événement une énorme source de stress.

J'ouvris alors les vannes...

- L'angoisse de faire moins bien que l'anniversaire du petit camarade de samedi dernier et pire que celui de samedi prochain.
- Le challenge d'en faire un événement mémorable, mais qui avait l'air d'avoir été organisé à l'improviste avec une grande décontraction (alors qu'en fait vous avez fait appel à *l'event planner* de la famille royale anglaise pour organiser la même party que celle du prince George).

* L'idée de me retrouver à gérer dix enfants en bas âge alors que, parfois, la seule gestion des deux miennes m'épuise, et le fait de devoir m'interroger sur la nécessité de demander ou non une attestation de responsabilité civile à chaque parent.
* L'inquiétude qui nous ronge, des semaines avant, quant au regard des parents qui vont juger si on s'est assez, pas assez ou trop investis.
* Que les enfants s'ennuient et le disent à leurs parents, qui en parleront entre eux dès le lundi matin devant l'école.
* Et, *last but not least*, la pression de ne pas décevoir mes filles et qu'elles soient tout simplement heureuses !

J'essayai d'expliquer que je ne me serais pas sentie plus stressée si j'avais accueilli un sommet de dictateurs dans mon salon : « Le stress avec un grand S, quoi ! Je continue ? »

J'entendais des murmures dans la foule : « Mais oui… », « Quelle folie ! », « Aahhhh ! les parents ! », « Ahhh ! les enfants »…

Je racontai avec émotion et précision mon état psychologique vacillant du moment, et le fait que ma vie n'avait repris son cours qu'une fois ce bel événement derrière moi. J'étais épuisée, rincée…

Eija nous expliqua alors que, si j'avais appréhendé mon stress différemment, si je ne l'avais pas traité comme un ennemi tout au long de cette épreuve mais plutôt comme un moyen de me dépasser, j'aurais pu modifier la réponse de mon corps et ainsi vivre tout cela bien différemment. Elle a alors fait gracieusement le tour de la pièce, a tiré les rideaux et a lancé ce qui pouvait me faire le plus plaisir au monde (pas *Love Actually*, même si, honnêtement, ce film est thérapeutique pour moi), mais un TEDx ! Plus précisément, le TEDx de la psychologue Kelly McGonigal intitulé « Comment faire du stress votre ami ». À ce moment-là, mon degré de scepticisme était aussi élevé qu'un taux de glycémie après un double cheese. *Faaaakeee news*, pensai-je alors très fort. *On ne me la fait pas, à moi, la plus grande stressée du palmarès 2001-2002-2003… jusqu'à nos jours.*

Mais je ne voulais pas casser l'enthousiasme du groupe. Et puis, je dois bien avouer que, même si j'écoutais seulement d'une oreille, le point de Kelly était loin d'être inintéressant. Elle démontre via ses recherches que le stress n'est mauvais pour nous que si on le perçoit comme tel. Si je comprends que la réponse de mon corps au stress est utile et favorable pour moi, et qu'elle me permet d'être plus performante, je ne vivrai pas les effets du stress comme quelque chose de négatif. Dans le cadre d'une étude menée à Harvard, on a expliqué aux participants que, si leur cœur battait la chamade, cela les préparait à l'action, et que s'ils respiraient plus vite cela oxygénait leur cerveau. Résultat : leur réponse au stress avait été différente, ce dernier n'étant pas vécu comme un obstacle, au contraire !

JE FAIS AMI-AMI AVEC MON STRESS

J'arrête de diaboliser mon stress ; je comprends que le fait de le percevoir comme quelque chose de 100 % négatif est une croyance limitante.

Je suis à l'écoute de moi et de mes réactions physiques en état de stress : mon cœur qui bat la chamade et qui me prépare à l'action, mes sens qui s'éveillent.

J'appréhende les effets du stress et les réactions de mon corps comme une force.

Résultat : je ne panique plus à l'idée de paniquer !

Soit ! Cela n'était finalement pas totalement dénué de sens. « En fait, tout ça, c'est avant tout une question de perception ! nous expliqua Eija.

— Et d'organisation ! », compléta Charlie, qu'on sentait évidemment touchée par le sujet puisqu'elle organisait aussi des anniversaires d'enfants.

Elle demanda alors si elle pouvait s'absenter un bref instant. Le temps que chacune y aille de son anecdote, Charlie était de retour, armée d'une clé USB, et elle se lança dans une présentation PowerPoint : « Il y a cinq règles à respecter pour ne pas sombrer dans ce que j'ai intitulé le bloody birthday » !

L'ANTI-BLOODY BIRTHDAY

Je ne m'attarde pas sur la déco du gâteau ! Si ce n'est pour nourrir mon feed Instagram, je dois comprendre que, quel que soit leur âge, les enfants n'en ont strictement rien à faire de la décoration du gâteau d'anniversaire. Une fraise (Tagada ?) au milieu du gâteau fera merveilleusement le job et me permettra un joli gain de temps.

Je ne dédie pas plus de vingt minutes par activité, au maximum. On fait dans la masse, pas dans la qualité. Inutile ainsi de galérer à planifier une chasse au trésor d'une heure alors qu'ils seront hystériques face à l'enchaînement suivant : pinata, course en sac, partie de baby-foot (humain ?) et chamboule-tout.

Je n'invite pas plus d'enfants que le nombre de bougies sur le gâteau (oui, on met quand même des bougies sur le gâteau), une tradition qui nous arrange jusqu'à leurs 10 ans. Passé ce cap, on ne se sentira évidemment plus dans l'obligation de l'honorer. Je n'hésite d'ailleurs pas à l'influencer pour sa liste d'invités, en neutralisant les éléments perturbateurs.

Je confie l'ambiance musicale à Kids United (volumes 1, 2 et 3 #çafaitlejob).

Je prévois un apéro avec les parents des enfants pour décompresser. Attention, ici les règles sont à définir : prévenez bien les parents des enfants que, bien qu'ils soient toujours chez vous, vous n'êtes alors plus responsable de leur petit monstre !

Sondage IFLOP : 90 % des accidents arrivent dans cette période de flottement.

À la suite de cette présentation très pro, on a eu besoin de souffler, de digérer toutes ces infos. On a donc marqué une courte pause.

16 h 30

Malheureusement, le break de Delphine a été de courte durée. Texto de son mari : « Marin a 40 de fièvre. Il est amorphe. » Ce message, aussi laconique qu'anxiogène, fit évidemment paniquer Delphine.

J'étais très étonnée que rien de tel ne soit arrivé plus tôt — je parle de l'annonce d'un enfant malade —, et j'étais d'ailleurs très étonnée que cela ne vienne pas de chez moi (je l'attendais avec un peu de fébrilité). Il faut dire qu'il est une vérité générale : quand tu t'organises un week-end ou que tu es amenée à partir en déplacement professionnel, crois bien que ce sera TOUJOURS le moment où ton enfant tombera malade (bien souvent de la plus ténébreuse des maladies, ce qui te pousse à culpabiliser de longues heures de ne pas être à ses côtés) #MumLife.

La vérité générale numéro 2 veut que le jour où tu as absolument besoin de dormir soit aussi le jour où ton enfant aura décidé de sauter sa sieste.

Et la numéro 3 veut que l'enfant, à peine recouché après un cauchemar nocturne, se remette à chouiner juste au moment où tu te poses dans le lit, faisant fi de tous les espoirs de sommeil que tu auras nourri durant le trajet entre son lit et le tien.

Bref, à ce moment-là, on savait que les heures qui allaient suivre seraient pour elle bercées par ce cocktail de sentiments bien familier pour les mères : L'INCERTITUDE et la CULPABILITÉ. « Je rentre », « Je reste », « Je rentre », « Je reste »…

Évidemment, chacune avait un avis sur la question : « Nan, mais laisse ton mari gérer », « C'est juste de la fièvre ? Il mange bien ? Tant qu'il mange, pas de stress. » Je voyais Delphine paniquer. Eija la prit par la main et l'invita à respirer un grand coup pour prendre un peu de recul : « Écoute-toi, ma chérie ! La réponse, tu l'as en toi. » J'ai vraiment apprécié qu'elle n'ait pas invoqué l'instinct maternel...

// Instant coup de gueule

« Écoute ton instinct maternel ! » Cette phrase a probablement été pour moi la phrase la plus culpabilisante de ma grossesse, et parfois encore aujourd'hui de ma vie de mère.

« Tu sauras quand ton enfant n'est pas bien, tu sauras quoi faire. » Oui, mais ce qu'on avait omis de me dire, c'est qu'il faudrait jongler avec les doutes, les incertitudes et la peur panique de ne pas savoir si on fait bien. Ma fille a-t-elle un simple rhume ou frôle-t-elle l'hospitalisation à cause d'une bronchiolite qui pourrait dégénérer en bien des choses ? Pour une over-thinkeuse comme moi, avoir des enfants, c'était un peu comme si on demandait à une shopping addict de vivre devant un Zara. Même quand tout va bien, je peux laisser aller mon esprit à toutes les fantaisies. « Ça fait bien trois fois que je crie sur Clémence et elle ne se retourne pas... Je vais prendre un rendez-vous chez l'ORL » (celle qui refusait d'imaginer que sa fille pouvait juste défier son autorité et s'en remettre à une défaillance fictive de son appareil auditif).

Alors oui, mon « instinct maternel » m'a guidée dans quelques choix importants de ma vie, comme ne pas confier tes joyaux à cette nounou qui est en train de boire une tasse de café bouillante juste au-dessus de la poussette de tes filles. Pourtant, aujourd'hui encore, je trouve culpabilisant ce réflexe d'invoquer l'instinct maternel à tout bout de champ, un peu comme si on devait cacher nos doutes, nos craintes, nos frayeurs, et nous glisser dans un costume de Wonder Mum qui a toutes les réponses.

Eh bien non ! toutes les réponses, je ne les ai pas, et je ne pense pas pour autant être une mauvaise mère. En tout cas, je suis une mère en apprentissage, une mère qui fait de son mieux. Qui essaye d'inculquer à ses enfants ce qui est important pour elle, comme la place de la tendresse, de la bienveillance et de l'humour dans un foyer. Et si je suis déjà parvenue à cela, ce sera déjà pas mal !

Fin du coup de gueule //

Bien sûr qu'à cet instant Delphine ne pensait qu'à une chose : aller couvrir son petit malade de baisers ! Elle ne pensait qu'à ça, ne rêvait que de ça. La simple idée de l'imaginer fébrile lui transperçait le cœur. Elle était à l'image de la plante verte d'E.T. l'extraterrestre... flétrie quand il n'allait pas bien !

Elle était déçue de quitter le stage, mais de toute façon son esprit n'était plus avec nous. On l'a alors aidée à empaqueter ses affaires au plus vite et, quand on l'a vue partir en bateau, on l'a célébrée aussi fort qu'un candidat de Koh Lanta qui quitte l'aventure pour blessure physique.

21 heures

Dans la soirée, Laura, la petite Rennaise, est venue nous voir pour nous demander si elle pouvait prendre la place de Delphine dans le chalet.

À l'origine, elle avait été casée avec un groupe d'Allemandes, mais n'ayant pour bagage et restes linguistiques de ses quinze années d'allemand qu'un *Ich will ins Kino gehen*, autrement dit « Je veux aller me faire un cinéma », elle se trouvait très limitée dans ses interactions.

Ce fut donc avec grand plaisir qu'on l'accueillit ! Quand elle déballa ses affaires, je ne pus m'empêcher de remarquer qu'elle avait de nombreuses cartes de la Finlande, des itinéraires. Cela m'étonna : on n'était pas vraiment censées bouger de l'île…

Fatiguée par les émotions de la journée, je me suis dit que je l'interrogerais demain.

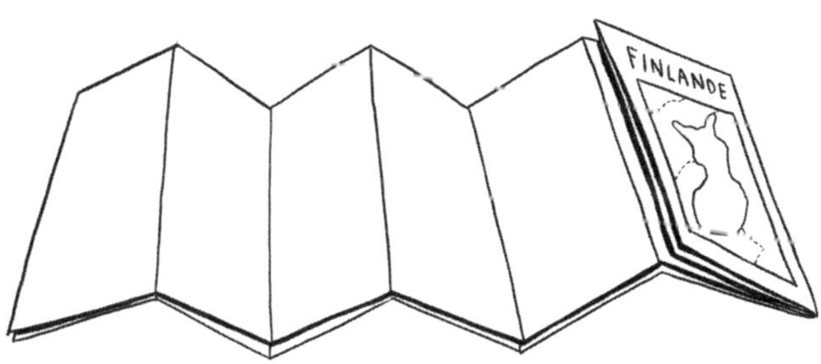

9 FÉVRIER

ET ÇA CONTINUE, ENCORE ET ENCORE (TEAM FRANCIS)

7 h 13 (j'avais gratté une minute par rapport à la veille) zzZ

C'était notre deuxième réveil dans ce lieu magique. Les filles me manquaient, mais je savais que j'allais faire le plein de belles énergies communicatives. Et puis, les nouvelles du front étaient plutôt bonnes. Même Antoine me soutenait dans ma démarche.

J'avais fini par lui parler de notre petit groupe, et il avait eu ces mots très encourageants : « Si ça te fait du bien, ma chérie… » J'en avais alors déduit qu'il me trompait ! Je rigole, ha, ha !

Avant de partir pour l'atelier, je vis que Laura se battait encore avec ses cartes. Curieuse, je m'approchai d'elle : « C'est pour ton prochain road trip ?

— Oui… enfin non… Bon, tu promets de ne pas te moquer, hein ? finit-elle par répondre, mi-gênée, mi-excitée.

— Bah oui, tu rigoles !

— C'est parce que je pensais faire un petit crochet pour aller voir le père Noël à la fin du stage. »

Étais-je fatiguée ? Mes oreilles me jouaient-elles des tours ? Ma double otite avait-elle encore frappé. Face à mon air dubitatif, Laura m'expliqua : « Tu sais qu'il habite en Finlande, non ? Bon, alors j'ai bien étudié le trajet, et malheureusement ce n'est pas vraiment à côté ! C'est bien plus au nord. Mais bon… »

J'essayai de suivre, de comprendre, mais je ne voyais pas ce qui poussait cette jeune femme trentenaire à vouloir faire un trajet de 800 kilomètres pour aller voir un vieil homme enveloppé au goût vestimentaire désuet ! S'il n'y avait que ça pour lui faire plaisir, je pouvais tout aussi bien lui présenter mon oncle Robert.

Elle m'expliqua qu'elle avait une mission, des lettres de ses enfants à remettre en main propre au père Noël (Noël était dans dix mois, mais je décidai sur le moment de ne pas le relever). Elle n'avait pas eu à cœur de les décevoir. C'était touchant. Quand je lui demandai si je pouvais y jeter un œil, elle me dit qu'elle ne les avait même pas ouvertes, et que de toute façon elle savait ce qu'elles contenaient : la dernière Nintendo, le maillot de foot de l'équipe de France…

Finalement, elle ouvrit celle de son fils pour me montrer. Le courrier était magnifiquement customisé de paillettes et le choix des couleurs avait été très finement étudié : du rouge et du blanc. Elle attaqua la lecture.

Cher père Noël,

Pour ce Noël, je ne te demanderai pas la dernière Nintendo,
même si j'en ai très très très très envie.

Cette année, je voudrais passer plus de temps à dessiner avec maman.
Parce qu'on rigole bien.

Dormir sous une tente avec papa et faire les fous.

Faire au moins un Monopoly en famille par semaine.
Même si je sais que maman triche, c'est toujours un moment rigolo.

Merci et à très vite cher papa Noël.

PS : si jamais tu as une Nintendo en trop, n'hésite pas quand même.

À la fin de la lecture de la lettre de son fils, Laura était en larmes… Et inutile de te dire que moi aussi. Il n'était pas juste question de mettre le doigt là où ça faisait mal. Au contraire, ça nous rappelait l'essentiel, que quand on se plie en quatre pour essayer d'assouvir les moindres désirs matériels de nos enfants on en oublie parfois que, pour eux aussi, l'essentiel est de passer plus de temps avec nous. On a une petite tendance à trop se mettre la pression, je crois…

10 heures

On s'est ensuite empressées de rejoindre l'atelier du matin ! On ne voulait pas en manquer une miette étant donné qu'il s'agissait de notre dernière journée.

Comme pour chaque atelier, Eija commença par un petit speech afin de contextualiser au mieux les propos qui allaient suivre. Elle attaqua : « Laquelle d'entre nous ne peine pas à gérer ses priorités ? Laquelle d'entre nous ne se noie pas dans un quotidien surchargé ? Laquelle d'entre nous ne rêverait pas d'achever sa journée avec la satisfaction de tâches accomplies plutôt que la frustration de se dire que sa liste s'est juste rallongée ? Laquelle d'entre nous n'est pas effrayée face à un objectif inatteignable ? » On buvait évidemment chacune de ses paroles.

« L'un des fondements du sisu, mesdames, c'est de se fixer des objectifs (à notre portée évidemment) et de tâcher de les atteindre étape par étape. »

Il est vrai qu'à y réfléchir je suis plutôt du style à viser une montagne et à me décourager dès que le sentier devient un peu ardu, l'objectif me paraissant alors juste irréalisable. Avouons-le, ce « catalyseur à charge mentale » est source de grandes frustrations ! En vrai, comme venait de le souligner Eija, il faudrait y aller étape par étape.

Une petite voix a alors résonné au fond de la salle, celle d'une gamine de 18 ans avec un fort accent belge, que j'avais jusqu'ici prise pour une stagiaire : « Est-ce que des outils comme level 10 life et level 10 goals peuvent nous aider ? »

L'adolescente de 18 ans, faisant preuve dans son look d'une maturité déconcertante, se lança dans une explication. Il est vrai que moi, à cet âge, j'étais plutôt de la team « bombers + Dr. Martens + cheveux gras » (d'ailleurs, on s'en parle du fait que les ados n'ont plus de boutons alors qu'on avait des têtes de TI-83 ?). Très vite, j'ai eu l'impression de me retrouver sur YouTube et de regarder un tuto de teenager, non que le propos ne soit pas intéressant, loin de là...

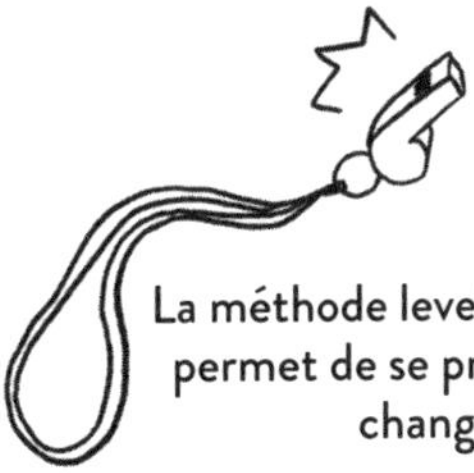

GOALLLLL

La méthode level 10 life et level 10 goals, super simple, permet de se prendre en main et de lancer des petits changements dans son quotidien !

Je couche sur le papier dix sphères de vie qui ont une place importante dans mon quotidien. Cela peut être l'amour, la santé, la famille, le boulot, les amitiés, les finances, la spiritualité, le développement personnel… À moi de choisir !

Je fais le bilan et je les évalue : je me demande si je suis satisfaite, en phase, si j'ai des frustrations ou non… Je formalise ensuite mon degré de satisfaction par une note entre 1 et 10.

Je peux ensuite passer à l'étape 10 goals : je dresse mes objectifs dans le but d'améliorer chaque sphère de vie. Cela peut être lire plus, communiquer plus avec ma famille, prendre soin de moi, manger plus sainement… Je peux lui donner la forme que je veux, une roue, un graphique à barres, etc., l'idée étant qu'on ait envie de s'y attarder pour avancer sur nos objectifs.

Je garde un œil sur l'évolution de mes objectifs et des progrès enclenchés !

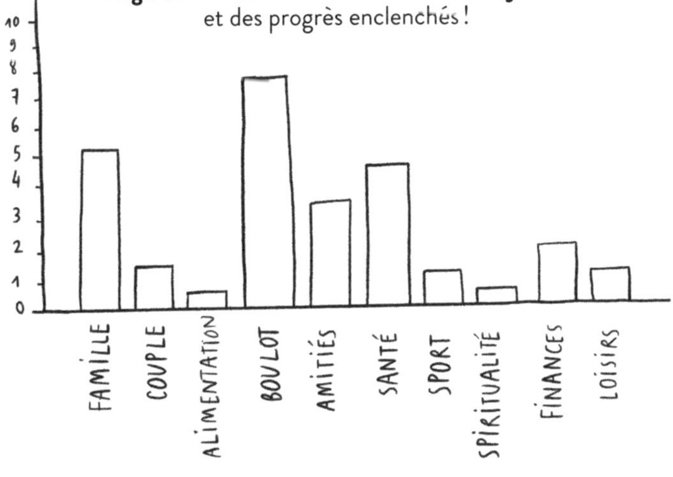

Je pensai hâtivement et quelque peu cyniquement : « Voilà, comme tout être de sa génération, elle nous expose sa science pour briller un instant alors qu'elle nous a juste sorti ça de son manuel de psycho. » Injustement, je me demandai ce qu'une gamine de cet âge pouvait bien avoir comme objectif si ce n'était d'aller voir *Twilight* au cinéma !

C'est alors que Charlie me susurra à l'oreille : « J'adore cette fille, tu devrais lui parler, elle a un sacré parcours ! » J'invitai alors Charlie à m'en dire plus. Elle m'expliqua qu'elle avait lancé un blog, très coté sur la Toile, dans lequel elle partageait des interviews de gens (connus et inconnus) du monde entier pour s'inspirer de leur philosophie de vie, de leurs croyances et de leur relation au bonheur. Elle avait expliqué à Charlie que ces rencontres lui avaient ouvert les yeux sur l'urgence de vivre sa vie. D'aller à l'essentiel. De ne pas s'encombrer du superflu. Je dois te l'avouer, tant de maturité et d'engagement de la part d'une si jeune femme, cela m'a mis une sacrée claque. J'étais épatée.

Eija rebondit au propos de la jeune femme, qui s'appelait Marie. « Oui, c'est une bonne méthode pour dresser ses priorités, se fixer des objectifs, ce qui est décisif pour notre épanouissement. C'est d'ailleurs le point de Joanna Nylund, auteure de *Sisu, l'art finlandais du courage*. L'idée : nous fixer des objectifs à notre portée et avancer pas à pas vers la réalisation de ceux-ci. »

Alors que je notais studieusement la source, je faisais le lien avec le groupe que j'avais créé et cette envie de pousser ma démarche plus loin. À ce stade, je ne savais pas encore vraiment comment, mais plus j'avançais plus je sentais que ma mission de vie tournait autour de ce projet. On enchaîna ensuite sur une petite pause déj.

Ça y est, on se dirigeait vers ce qui serait le dernier atelier du stage ! Pour le commencer, Eija nous a demandé de nous mettre en cercle, de toutes nous tenir les mains, et elle nous a alors invitées à confier ce qu'on ressentait !

Je pensais « de la peur » (j'ai une petite tendance à vite avoir les mains moites, et ne voulais pas être démasquée), mais je ressentais aussi et surtout comme un courant électrique qui nous traversait !

Eija enchaîna : « Ça, c'est la simple démonstration qu'à plusieurs on est plus fortes. La solidarité, mesdames, c'est le fondement d'une vie plus paisible, plus sereine. Dites-vous bien qu'il y a 90 % de chances que ce que vous vivez, vos préoccupations, vos interrogations soient dans la tête des femmes qui vous entourent. Pourquoi jouer à la plus forte, feindre que tout va bien, quand une simple conversation à cœur ouvert peut vous alléger ? Je vais vous demander de vous tourner vers la personne qui est à côté de vous et de lui confier l'une de vos peurs les plus intimes. Faites le grand saut ! N'ayez pas peur d'être jugées. »

Je me trouvais justement à côté de Marie, la jeune femme de 18 ans qui tenait son blog inspirant sur lequel j'étais allée faire un tour pendant la pause déjeuner. J'avais vu qu'elle était parvenue à rencontrer, entre autres, le dalaï-lama ! Rien que ça ! Elle me lança simplement un « ne pas profiter pleinement des cadeaux que nous offre la vie ». Cette jeune femme était finalement bien plus mature que moi ! C'était difficile pour moi d'embrayer derrière ça, mais nous étions dans une démarche d'honnêteté. Je confiai donc à Marie ce qui aujourd'hui était dans toutes mes pensées : « J'ai une peur constante de ne pas être à la hauteur. »

Eija nous avait demandé de ne pas nous expliquer. Nous étions toutes envahies par une grande émotion. On se regardait les unes les autres avec la plus grande bienveillance, et cela faisait un bien fou !

En temps normal, j'ai plutôt tendance à faire comme si tout va bien tout le temps, à prétendre que rien ne peut m'atteindre. Pour mon entourage, je suis un roc, celle qui ne tombe jamais, celle sur qui on peut compter. Enfin, je montrais mes failles, mes doutes, mes craintes et, paradoxalement, cela ne me diminuait pas. C'était même tout le contraire : je me sentais plus forte.

Je passai alors un pacte avec moi-même et me promis de casser le mythe de la Wonder Woman auprès de mon entourage. J'en avais le droit, et surtout j'avais besoin de relâcher la pression !

Eija nous a alors proposé de partir nous balader en forêt, prendre un « bain de nature », comme elle appelait ça. C'était vivifiant, ressourçant, comme un petit reboot. Cette marche collective marquait aussi la fin du séjour, un bateau nous attendant en fin de journée. Plus qu'une nuit à passer à Helsinki avant de retrouver les filles et Antoine…

18 heures

Au moment du départ, l'émotion était vive. Nous avions créé de jolis liens les unes avec les autres. Avec Charlie et Gaya, on a reconnu se sentir plus fortes que jamais. Avant de partir, je suis allée saluer Laura et lui souhaiter bonne chance pour la suite de son road trip ! J'en profitai aussi pour lui donner une lettre que j'avais écrite, parce que, après tout, on ne sait jamais…

Hei* Santa,

Je me permets de t'écrire pour une demande un peu spéciale, tu en conviendras. Cette année, je ne vais pas te dresser la liste de ce que mes enfants souhaitent pour Noël (elles le feront très bien toutes seules), mais de ce que moi et des centaines de milliers de mères et de pères de la planète ne voulons plus.

Pour plus de facilité, j'ai décidé de ranger tout cela par ordre alphabétique :

- Angine
- Gastro-entérite
- Grippe
- Laryngite
- Otite
- Pieds-mains-bouche
- Reflux gastro-œsophagien
- Rougeole
- Varicelle

Si tu as un moyen d'éradiquer tout ce qui ressemble de près ou de loin à un virus, ce serait vraiment le plus beau des cadeaux du monde.

Respectueusement, et bravo pour ton super job !

Alice

*Salut.

10 FÉVRIER

RETROUVAILLES

C'est fou ! J'ai l'impression d'être partie un mois. Ce voyage avait été dépaysant, c'est sûr, mais il m'avait aussi fait faire un gros travail sur moi, poussée à me poser les bonnes questions, auxquelles j'entrevoyais enfin des réponses.

Mais le temps était aux retrouvailles. J'étais fébrile, prête à fondre en larmes dès que j'apercevrais mes puces. À la sortie de l'avion, ma petite famille m'attendait avec des pancartes « maman on tème » et un bouquet de marguerites dans les mains d'Antoine (c'était une blague entre nous, parce que mon deuxième prénom était Marguerite mais que personne ne le savait). J'adore cette sensation de sortir d'un avion ou d'un train et d'être accueillie. Cela m'est déjà arrivé de me diriger vers un homme avec une pancarte indiquant un nom (d'une femme tout de même, je ne suis pas idiote), qui n'était évidemment pas le mien, juste pour le plaisir de me sentir attendue. Ça avait marché pendant dix bonnes minutes, jusqu'à l'arrivée de la vraie « Mme Dunois ». J'avais alors rétorqué que j'étais Mme Dunos, sans *i*, et que j'avais lu trop vite. Bref !

Cette fois, j'étais bel et bien attendue ! De les voir là, tous les trois, je dois bien te dire que je me suis sentie la plus heureuse des femmes. Toute la fatigue, les concessions, les angoisses ont été balayées par cette simple image de ce qui était pour moi la perfection. Une partie de moi essaya de rester digne quand l'autre, qui s'en foutait (et qui avait bien raison), me fit me lancer dans une course aussi gracieuse que celle de Bridget Jones courant après Mark Darcy et m'obligea à sauter par-dessus quelques valises pour aller embrasser ma famille.

Antoine aussi m'avait manqué. Je retrouvais cette sensation du début de notre relation, quand la moindre séparation, même la plus courte, paraissait insurmontable. Lui aussi avait l'air heureux de me voir. En arrivant à la maison, j'ai eu le plaisir de trouver l'endroit parfaitement rangé, comme si une bonne fée était passée par là.

Avant d'aller nous coucher, je le remerciai de m'avoir laissé ce temps pour moi. J'ajoutai en souriant : « Tu n'oublieras pas de rendre sa brosse à dents à ta mère… » J'ai souri. Il a souri. Et on s'est retrouvé…

11 FÉVRIER

RETOUR AU BOULOT

Le retour au boulot fut sinistre. L'ambiance était lourde, on entendait les mouches voler. Depuis les vacances de Noël et la bombe qu'on nous avait balancée, rien n'avait trop avancé. Ils essayaient de régler tout cela « à l'amiable », comme ils disaient, en proposant des plans de départ, mais ça traînait… traînait. Il était très difficile pour moi de remotiver les troupes, sachant que, de mon côté aussi, j'étais désemparée. Mais je ne lâchais rien ! Telle Kate Winslet sur sa barque du *Titanic*, je m'accrochais (sauf que moi je cherchais évidemment un moyen de faire de la place pour Leonardo Di Caprio et tout autre volontaire).

Je décidai de m'imprégner de grands discours d'orateurs pour booster mes équipes. Pendant une pause déjeuner, je leur avais même passé un extrait de cette scène mythique de *l'Enfer du dimanche*, avec Al Pacino, où un coach sportif livre un discours poignant et vibrant à son équipe : « Aujourd'hui, soit nous guérissons en tant qu'équipe, soit nous mourrons tous en tant qu'individus ! »

L'esprit d'équipe, c'est tout ce qui nous restait !

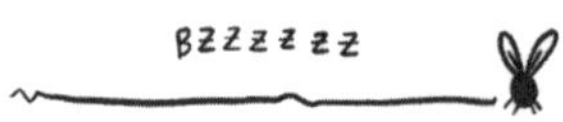

12 FÉVRIER

LA SOIRÉE DU GRAND N'IMPORTE QUOI

Il y a quelques jours, on s'est trouvés confrontés à ce qu'on appelle avec Antoine un instant « quand ça veut pas, ça veut pas ! », ce genre de soirée où, va savoir pourquoi, tout le monde est grognon et où les filles contredisent par principe tout ce qui ressemble de près ou de loin à un ordre. Avec Antoine, on n'a alors plus d'énergie pour se mettre à la popote ou se lancer dans une quelconque activité sociale. Bref, ça veut pas.

Face à cela, on a décidé pour une fois de poser les armes. On s'est dit que ce n'était pas si grave si, exceptionnellement, quelques règles étaient transgressées. Du coup, on s'est tous mis en pyjama, on a envoyé valdinguer les haricots verts et on s'est vautrés en famille sur le canapé à grignoter ce qui nous tombait sous la main. Depuis, on a décidé d'instaurer ce rendez-vous mensuel. Chaque premier vendredi du mois, on met en place la soirée du grand n'importe quoi en famille !

Le cadre de l'événement et les contraintes qui y sont liées sont finalement assez simples...

- **Participants :** toute la famille ! Avec Antoine, on s'assure de ne pas rentrer trop tard. Dès qu'on est tous les quatre à la maison, hop ! on saute dans nos pyjamas.
- **Dress code :** on fait fi de toute notion de style, on se fiche que nos pyjamas soient instagramables ou non. On mise sur le confort. Cette fois-ci, j'avais d'ailleurs fait une surprise en achetant à chacun le même modèle de pyjama « Reine des neiges ». Même Antoine, qui était ravi.
- **Catering :** seuls deux critères sont à prendre en compte concernant ce qu'on va avaler ce soir-là, que ce soit facile à préparer et qu'on prenne du plaisir (bols de céréales...).
- **Activités :** les filles choisissent leur jeu de société (Uno, 1000 bornes...) et on y joue en famille !

Je crois que, si je devais choisir entre Noël, nos anniversaires ou toute autre festivité, ce serait clairement nos crazy nights que je choisirais.

15 FÉVRIER

CELUI QUI AVAIT (PRESQUE) TOUTES LES RÉPONSES

Je me suis encore fait avoir par mon syndrome Google-mania, ou plutôt mon côté « parennials », à savoir les parents millennials, comme le lançait il y a quelques années déjà le *New York Times.*

Comme je te l'ai déjà expliqué, Google est un pilier fort de mon éducation. Il me permet d'avoir réponse à toutes les interrogations de mes filles, mais il est aussi un peu plus que ça : il me permet, lors d'angoisses nocturnes, de remplacer mon pédiatre ou de troquer ma BFF (*best friend forever*) par des @Milie91 ou @Mumtobe78 le temps d'un échange sur un chat.

Il peut aussi « remplacer » ma gynéco, ma psy, ma mère… Je mets des guillemets car, dans le fond, je sais bien qu'une recherche Google ne remplacera jamais un avis médical ou une conversation à cœur ouvert avec ma mère ou une amie. Je suis la première à mettre en garde mes amis : « Surtout, ne regardez pas sur Google… » Mais voilà, bien que je le sache, cela ne m'empêche pas de lancer les requêtes les plus saugrenues !

PETIT ÉTAT DES LIEUX DES TOP REQUEST EN FONCTION DES ÉTAPES DE MA VIE DE FEMME…

AVANT DE TOMBER ENCEINTE

* **Le classique :** *Quand faire l'amour pour tomber enceinte ?* Je n'ai jamais rien compris à ces histoires de cycles. Je me suis rendu compte, quand j'essayais d'avoir les filles, que j'étais finalement très mal informée.
* **Le « droit au but » :** *Comment tomber enceinte rapidement ?*
* **Le « je n'en suis pas très fière… » :** *Comment faire une fille ?*
* **Le « on y croit » :** *Seins gonflés et nauséeuse… enceinte ?*

UNE FOIS ENCEINTE, C'EST LOIN DE SE CALMER…

La série « inquiète »

* *Perte de liquide, normal ?*
* *Bébé qui bouge, normal ?* suivi deux heures plus tard de *Bébé qui ne bouge plus, normal ?*
* *Envie de burrito, normal ?*

La série « je n'en vois pas le bout »

* *Comment provoquer l'accouchement ?*
* *Qu'est-ce que la méthode italienne ?*
* *Est-ce dangereux pour le bébé si on fait l'amour près du terme ?*

Série « je n'en vois pas le bout » croisée avec série « inquiète »

* *J'ai fait tout le ménage de mon appartement mais il ne se passe rien, normal ?*

LE DÉBUT DE L'AVENTURE

✱ Celle qui essayait de se rassurer pour légitimer les pleurs de ses filles

Crise de croissance 3 semaines
Crise de croissance 6 semaines
Crise de croissance 2 mois

✱ Celle qui n'était toujours pas rassurée

Bébé 3 semaines ne fait pas ses nuits
Bébé 3 mois ne fait pas ses nuits
Enfant 3 ans ne fait pas ses nuits

✱ Celle qui vivait de tutos et d'eau fraîche

Tuto mouchage
Tuto massage
Tuto écharpe de portage
(j'ai passé des heures sur ce dernier, sans finalement y parvenir et craignant de foutre les filles par terre).

✱ Celle qui jonglait avec les maux

Régurgitation – Fesses rouges – Croûtes de lait...

✱ Celle qui culpabilisait

Cododo, grave ?
Enfant de 1 an mange toujours petits pots 6 mois, grave ?

✱ Celle qui était au bout de sa life

Mon enfant se roule par terre
Mon enfant me mord
Mon enfant me tape

Aujourd'hui, je crois pouvoir dire que je me suis un peu calmée, et je ne fais plus appel à la « science » Google qu'en cas de sujet vraiment important...

Ce que les années m'auront appris, c'est bien de ne JAMAIS, je dis bien ne JAMAIS, taper des requêtes telles que « boutons suintants » ou « selles débordantes jaunes » sur Google Images !

18 FÉVRIER

START-UP SPIRIT

Ces dernières semaines m'avaient bousculée. Je ne pouvais plus étouffer cette petite voix intérieure qui semblait plus que tout vouloir me passer un message. Je parlais de mes interrogations professionnelles à ma copine Julia, dont la carrière n'avait rien à envier à celle de Sheryl Sandberg. Je lui racontai les chamboulements dans ma boîte, la création des WVengers et combien ce groupe m'animait... Et puis elle m'a dit qu'elle devait rejoindre un cocktail au sein d'un incubateur de start-up. Je n'ai pas osé tout de suite lui demander à quoi correspondait un « incubateur de start-up ». C'est au fil des échanges que j'ai compris qu'il s'agissait d'une association qui aidait les entrepreneurs à mener à bien leurs projets.

Étant un peu alcoolisée, et donc surexcitée, je fis quelques bonds pour lui montrer mon enthousiasme. Une fois sur place, mon taux d'alcool dans le sang ayant chuté, je faisais moins la maligne. Il s'agissait en fait d'un genre de réunion d'anciens où tous les start-upeurs des dix dernières années s'étaient donné rendez-vous. Je ne me sentais pas à ma place, très intimidée par tout cet univers dont je ne connaissais pas les codes, et encore moins le langage : *licorne, crowdfunding, pitch, business angel, disrupter, valo...*

J'essayai discrètement de lancer le film *Social Network* sur mon Smartphone pour trouver quelques réponses, mais la connexion était mauvaise ! Je tentai alors de puiser dans mes ressources quand la phrase *Fake it until you become it* me revint tel un boomerang. Elle provenait de *Montrez-leur qui vous êtes,* de cette chère Amy Cudy (à l'origine du Power Posing). L'idée, que je trouvais intéressante, c'était de faire semblant jusqu'à ce que ça marche ! Me convaincre que j'en étais capable : plutôt que de laisser paraître une mine déconfite et de me laisser submerger par mon cher syndrome de l'imposteur, je devais faire comme si j'étais dans mon environnement. Je ne pouvais évidemment pas m'inventer un vocabulaire que je n'avais pas, une vie entrepreneuriale que je n'avais pas menée, mais je pouvais lever le menton, baisser les épaules et poser des questions.

ON Y CROIT !

Une arme redoutable pour lutter contre le syndrome de l'imposteur : je fais semblant jusqu'à ce que ça marche et que j'atteigne mon objectif !

Sur le fond : puisqu'il me faut quelques bagages pour atteindre mon objectif, j'apprends, j'écoute, je ne lâche rien. J'ai les ressources en moi.

Dans la forme : je prétends être à ma place et je m'en convaincs. Je me la pète et je finis par être à l'aise.

Après tout, c'est dans ma tête que ça se joue. Je suis la première à pouvoir me convaincre que je suis à ma place !

Je crois bien que ça a marché, puisque j'en suis même sortie avec une grande idée alors que je discutais avec une start-upeuse. Elle venait de me demander ce que je faisais. À ce moment-là, plutôt que de lui parler de mon poste de directrice artistique en agence, dont je n'avais pas à rougir, une seule chose me vint à l'esprit : « J'ai monté un réseau d'entraide au féminin.

— Ah ! c'est génial ça ! C'est très empowerment.

— Oui ! L'idée, c'est d'échanger entre femmes sur notre quotidien, nos problématiques, et de chercher des solutions communes à toutes.

— Canon ! C'est quoi le nom de ton appli, que je la télécharge tout de suite ? »

Je lui expliquai alors qu'il n'y avait pas d'application, que nous étions un groupe de parole à l'ancienne.

Très justement, elle me rétorqua que c'était dommage, que cela voulait dire qu'une femme n'habitant pas à proximité ne pouvait pas échanger avec nous. Ensuite, elle s'enflamma en me disant qu'il fallait voir grand si on voulait aider plus de femmes.

Mon cerveau était en ébullition ! Je racontais cette conversation à Julia, qui m'avait rejointe. J'étais en fait en train d'effectuer mon premier pitch, comme l'appellent les entrepreneurs. Je sentais que mon cerveau ne me laisserait pas beaucoup de répit, cette nuit.

25 FÉVRIER

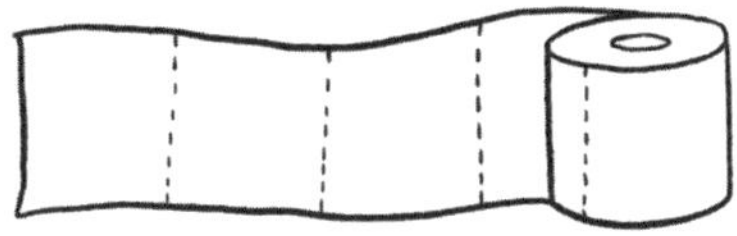

THE PLACE TO ~~PEE~~ BE

Depuis que j'ai des enfants, les commodités sont devenues pour moi un havre de paix, peut-être le seul où je peux vraiment trouver l'isolement (grâce au loquet) et réfléchir sans être interrompue par qui que ce soit. Une fois, Antoine s'y est essayé en frappant à la porte. Il a compris qu'il avait outrepassé ses droits conjugaux et ne s'y est jamais aventuré de nouveau. C'est également le lieu où je fais mon community management (posts Instagram, twitter).

Alors aujourd'hui, certes, je ne berne personne quand je pars m'isoler avec mon téléphone et que je reviens 25 minutes plus tard (mon téléphone vibrant de toute part), mais qui peut fondamentalement me retirer ce droit primaire ? Personne. Les toilettes / WC / waters / wawa sont bel et bien devenus mon petit temple sacré*.

Pour les moments plus longs, quand il me fallait plus de 20 minutes, j'ai trouvé un genre d'astuce imparable… J'ai un peu honte, je dois l'avouer, et en même temps je trouve mon idée assez géniale pour avoir envie de la partager avec les femmes du monde entier. Tu es prêt ? Je me cale des rendez-vous médicaux, si possible de ceux où tu es à peu près certaine de passer une bonne heure dans la salle d'attente. Je ne parle évidemment pas d'un rendez-vous chez le pédiatre avec les filles. L'idée est de disposer de temps pour moi, pas de macérer dans un nid à microbes, ni de ne me faire vomir dessus. Mon best-seller : le rendez-vous gynécologique du samedi matin (pas celui de 9 heures, qui risque de ne souffrir d'aucun retard, celui de fin de matinée…).

**NB : pour conserver une once de crédibilité, ne pas s'y rendre quatre fois par heure et, surtout, tirer la chasse d'eau.*

Antoine ne s'aventurera jamais à me poser des questions sur les troubles qui me mènent à consulter, et ne pourra donc pas m'en vouloir. C'est infaillible, je te dis ! In-faill-i-ble !

Cerise sur le gâteau, j'adore la salle d'attente de ma gynéco, qui a un petit look *Private Practice*. Je vaque ainsi de mon feed Instagram à quelques lectures de 2017, parce que, comme tout cabinet médical, la presse a quelques années de retard. Cela m'arrange, finalement, car ça fait bien plus de cinq ans que je ne suis plus ce qui se passe dans le monde.

La dernière fois, j'ai même eu le temps de regarder un film pépouze sur mon Smartphone. Il s'agissait d'une comédie avec Amy Schumer, *I Feel Pretty*, où à la suite d'une mauvaise chute une jeune femme se réveille persuadée d'avoir un physique à la Emily Ratajkowski. Du coup, forte de sa soudaine confiance en elle, elle déplace des montagnes, affronte chacune de ses peurs et atteint ainsi son rêve, alors qu'en fait elle est la même et que seul son mental a changé. Le film confirmait ce que je pense depuis toujours : c'est bien dans la tête que tout se joue. Il m'a aussi permis d'affronter l'auscultation médicale avec moins de complexes et sans que je me préoccupe de savoir si, oui ou non, mon médecin est en train de lorgner ma peau d'orange !

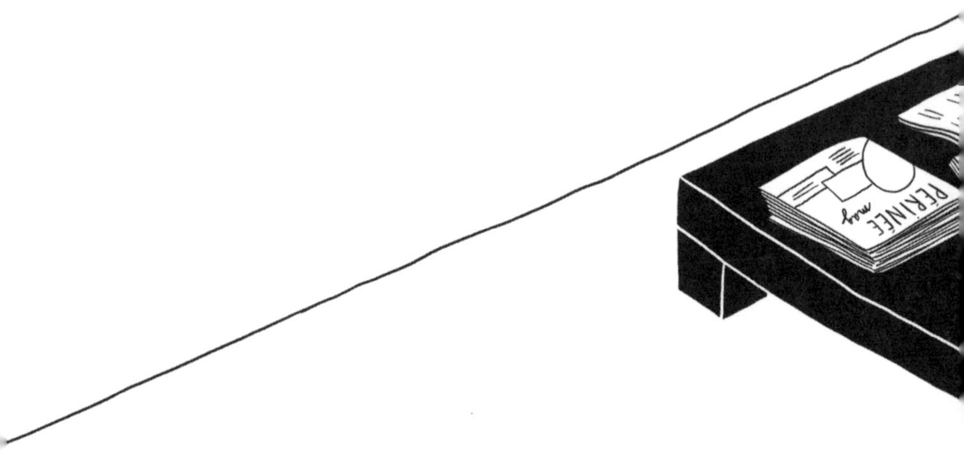

CHIPS
OLOGIES
ZELLE

1er MARS

6e RÉUNION DES WVENGERS : J'ARRÊTE DE ME METTRE LA RATE AU COURT-BOUILLON

Avec les filles de la fine équipe, on ne s'était pas vues depuis la Finlande. Les retrouvailles se sont faites dans l'euphorie collective ! C'était à moi de les recevoir. Je leur avais proposé de nous réunir dans le jardin de mes parents, ou plutôt dans ce qu'on appelle avec ma sœur la « cabane », un petit chalet en bois joliment décoré au fond du jardin. Les filles étaient ravies, d'autant que maman nous avait préparé un « petit » cocktail d'accueil.

On a raconté à Delphine ce qu'elle avait raté, en attendant l'arrivée de Charlie, toujours à la bourre ! On avait d'ailleurs hâte de la remercier, elle qui était à l'initiative de ce joli voyage. Elle fit son entrée accompagnée d'une jeune femme qui avait les traits très tirés. « Hello les filles ! Je me suis permis de venir accompagnée de Ségolène, une copine-collègue à qui j'ai parlé de notre petit groupe et qui avait hâte de vous rencontrer. »

En bonne hôtesse, je vérifiai d'un bref coup d'œil que la cabane n'était pas trop en bazar et je me jetai sur elle avec un tote bag et un tee-shirt. « Bienvenue Ségolène ! » Comme à mon habitude, j'essayai de la mettre à l'aise avec une petite blague, « Tout ce qui se passe à Vegas, reste à Vegas », mais elle semblait tellement au bout de sa vie que sa seule réponse fut un sourire un peu gêné. Je sentais que l'instant n'était pas à l'humour. Je lui demandai donc avec bienveillance : « Qu'est-ce qui t'a donné envie de rejoindre le groupe, chère Ségolène ? »

Un peu gênée, elle répondit : « Parce que, comme vous j'imagine, j'ai parfois l'impression de me noyer dans mon quotidien, de devoir penser à tout et, finalement, de ne pouvoir faire tout ça qu'à moitié. Du coup, ça ne me renvoie que mes imperfections. Il faut que je sois partout ! Que je brille sur tous les fronts. Il faut que je sois une mère de famille parfaite, qui ne râle jamais, qui n'est jamais fatiguée, même quand on me cale une réunion de parents d'élèves à 17 heures après une grosse journée de boulot. Il faut que je cartonne professionnellement malgré de nombreuses contraintes (les otites, les gastros, les varicelles…). Il faut que je garde du temps pour préserver mon couple, qu'on se réserve des moments pour nous deux malgré nos plannings respectifs de Michelle et Barack Obama. En parallèle, je dois me débrouiller pour organiser l'EVJF de ma cousine et continuer de me tenir informée des dernières séries à la mode pour ne pas avoir l'air hors du coup à la cafétéria. Le tout, évidemment, en gardant le sourire. Et cela m'épuise, je suis à deux doigts d'y laisser ma peau ! »

Dans les propos de Ségolène, une chose qui jusqu'ici ne m'avait jamais vraiment frappée résonna dans mes écoutilles : « Il faut que… », « Je dois… » Je demandai alors aux filles si rien ne les choquait. Avec sa délicatesse légendaire, Gaya lança : « Ségolène a clairement le teint fatigué ! Un bon coup de crème Q10 pour élastifier tout ça, et elle retrouvera sa mine d'adolescente (de lendemain de soirée). »

Je fis les gros yeux à Gaya et essayai de noyer le poisson : « Ha, ha, merci Gaya ! Quel humour ! » Je repris : « Non, je vous parle des tournures de phrase de Ségolène, très révélatrices : il faut que…, je dois… »

Cela résonna chez chacune d'entre nous. Pourquoi nous ajoutons-nous encore une couche avec des phrases aussi négatives qu'inutiles ? « Il faut que je termine ce dossier », « Il faut que je fasse à dîner », « Il faut que j'inscrive ma fille à la piscine »… À chaque « il faut que », on s'ajoute inconsciemment un poids sur les épaules. On a donc décidé de faire la guerre à ces injonctions…

IL FAUT QUE… RIEN DU TOUT !

Pendant une journée, je fais une petite croix sur ma main dès que je commence une phrase par une injonction du type « il faut que… ». Si, en fin de journée, ma main ressemble à une grille de bataille navale, je dresse le bilan.

Je choisis mes batailles : j'évite de m'engager sur tous les fronts, cela diminuera instantanément la liste des choses que « je dois faire ». Je dresse par exemple la liste de mon top 3 des priorités du jour.

Je troque une partie de mes injonctions par des envies : « J'ai envie de… », « J'aimerais… », des déclencheurs d'ondes positives.

La démarche est franchement plaisante ! Je me sens plus légère, je ne perçois plus ma vie comme une liste de contraintes et d'injonctions. Je remets la notion de plaisir au centre !

L'arrivée d'un nouveau membre dans l'équipe avait été bénéfique. Du coup, je me posais la question de lancer un grand speed dating pour la prochaine réunion. Chacune viendrait avec une ou plusieurs amies, sœurs ou relations, et nous échangerions les unes avec les autres. J'en parlai en direct aux filles, qui se montrèrent enchantées ! Gaya ne perdait pas le nord : « Il va nous falloir plus de tote bags » !

Pour clôturer la réunion, on expliqua rapidement notre petit rituel *This Girl Is On Fire* à Ségolène, qui proposa quelque chose ! Elle prit un papier et un crayon, et dessina des bulles avec inscrits à l'intérieur des « Je dois… », « Il faut… », « J'aurais dû… », « Il aurait fallu que… ». Elle les découpa et nous les distribua ! On s'est alors libérées de toutes ces injonctions avec la même excitation que si nous avions 15 ans et que nous étions en train de brûler des photos de notre ex !

6 MARS

MÉTHODE COUÉ

10 MARS

RUN, RUN, BABY RUN !

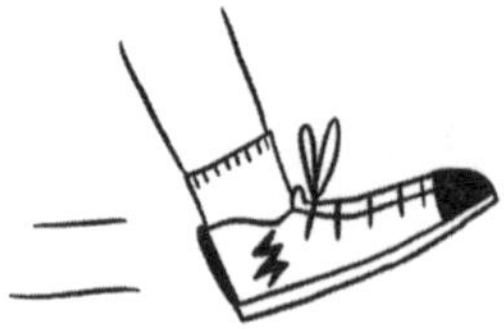

Chaque année, pour préparer l'arrivée du printemps, et surtout la fin de l'hiver, je m'offre ce petit rituel : coup d'œil sur les nouvelles collections de maillots de bain et passage à l'acte d'achat si coup de cœur ! Une sorte de motivation pour m'encourager à me délester des quelques kilos superflus provoqués par la haute saison de la raclette, qui se tient chez moi d'octobre à début mars.

Mais voilà, cette fois j'ai fait la folie d'acheter in situ et non de commander en ligne à l'aveugle. Tous les éléments étaient réunis pour me faire passer le pire moment de ma vie : éclairage au néon qui faisait bien ressortir tout mon gras et ma cellulite, et vendeuse hystérique qui s'invite dans la cabine alors que je suis à demi nue et que je ne l'ai pas invitée !

En sortant, avec mon achat (une culotte gainante), j'étais tout simplement furibonde. J'avais besoin de me défouler ! J'ai alors lancé l'idée un peu folle d'une séance de jogging auprès du crew des WVengers ! Charlie bossait, mais Delphine et Gaya, sentant mon besoin de lâcher de la pression, ont répondu présentes. Gaya est arrivée avec tous les it-accessoires de la joggeuse professionnelle, montre qui prenait son pouls, gourde et tout l'attirail, et Delphine avec des bâtons pour une marche active. Quant à moi, j'étais déjà fière d'être là, avec mes chaussures de running non homologuées, certes, mais là !

On est parties ensemble, chacune dans notre délire : Gaya contrôlait son souffle (on aurait dit une cocotte-minute prête à exploser), donc ne voulait pas parler. Delphine, avec sa marche active, et moi, avec mon manque de condition physique, on allait finalement au même rythme et on piaillait, ce qui m'a valu un joli point de côté dans les 5 minutes.

Ce dont j'avais besoin, à ce moment-là, c'était de lâcher les vannes ! Je leur ai alors proposé de se lancer un footing « lâcher prise » à la Phoebe dans *Friends* ! On a alors couru telles des gamines après un camion de glaces, à toute allure. Ça ne devait pas ressembler à grand-chose, mais on se foutait du regard des autres, on a juste kiffé !

17 MARS

TEAM LOLO

Alors, voilà, je sais que Laurent Delahousse ne fait pas l'unanimité — il peut en irriter certains du fait de sa masse capillaire soyeuse, que n'importe quel homme (et quelle femme) lui envierait —, mais bon, moi, je l'aime cet homme (peut-être aussi parce qu'il est en couple avec une Alice, #alertepeople). En tout cas, en ce dimanche 17 mars, je peux dire qu'il a presque sauvé ma vie, ou en tout cas qu'il lui a donné une tout autre perspective.

J'avais couché les filles et Antoine était en opération spéciale taillage de barbe du dimanche soir. Je ne sais pas ce qui m'a pris, mais, chose que je n'avais pas faite depuis les années 1990, j'ai allumé la télévision.

//Aparté
Pendant des années, j'ai redouté ce moment de la semaine, parce que mon homme ne se taillait pas la barbe, il se la rasait. La nuance te paraît probablement subtile, et pourtant, elle est d'importance capitale. Je passais ainsi de mon sexy mari mi-bobo mi-hispter du samedi à un être au visage blanchi et meurtri par quelques coups de rasoir maladroits. Et puis, un jour, m'est venue l'idée lumineuse de lui offrir un rasoir électrique pour simplement tailler sa barbe, la réduire, sans la faire disparaître complètement. Excès de futilité ou de génie, je ne sais pas, mais j'ai pu dès lors me targuer d'avoir un mari sexy du lundi au dimanche !
Fin de l'aparté //

Aujourd'hui, notre consommation d'écrans se réduit à des séries et des films sur l'ordinateur. J'avais d'ailleurs proposé à Antoine de nous séparer de la télévision, mais nous étions toujours en négociation. Bassement, il m'avait répondu : « OK, si tu vires cinq paires de tes chaussures. » C'était perdu d'avance…

Bref, je ne sais donc pas précisément ce qui m'avait incitée à allumer cet objet désuet. Une fois la télécommande en main, je tombai sur le joli minois de cette actrice belge que j'adooooore : Virginie Efira. Son humour, son esprit ne m'ont jamais laissée indifférente. Je suis certaine que nous pourrions être de grandes amies ! (Note à moi-même, lui envoyer une demande Facebook.) Avec cet adorable combo de Virginie Efira + Laurent Delahousse, ma soirée prenait une allure plus glamour que jamais.

Mais pas que…

Lolo avait décidé de partager dans son émission *20 h 30 le dimanche* un moment d'archive : le témoignage de l'actrice Simone Signoret, qui parlait de son métier, mais aussi de sa vie de femme. Et crois bien que ses mots chantèrent aussi fort dans mon cœur que les paroles d'une chanson.

Elle nous invitait tout simplement à vivre notre vie pleinement avec l'homme qu'on aime, en s'intéressant à lui et à ce qu'il fait, à partager du temps avec nos enfants et à ne pas prendre le risque de les laisser grandir sans nous. En bref, il fallait prendre le temps de vivre et de partager notre vie avec ceux qui nous entourent !

Je trouvai ses propos pleins de bon sens et au final terriblement actuels par rapport à nos problématiques d'équilibre. Dans cette course à la vie que l'on mène au quotidien, le risque majeur reste en effet de passer à côté. Demander simplement à son mari s'il a passé une bonne journée, être à l'écoute de ses enfants, cela paraît anodin, mais je me rendais compte soudain que je considérais mon entourage comme acquis et que je ne lui donnais peut-être plus assez d'attention. J'étais cantonnée à des stress de planning, d'organisation… au risque d'oublier l'essentiel : elles, lui, nous et moi !

L'amour, ce n'est finalement pas regarder ensemble un épisode de série dans la même direction, c'est demander à l'autre s'il l'a aimé et ce qu'il en pense.

Voilà, si on m'avait dit que cet objet télévisuel m'aurait apporté autant de matière à penser un dimanche soir… Merci Simone, merci Laurent, merci Virginie, merci France 2.

20 MARS

HÉROS

Non mais QUE FERIONS-NOUS SANS LES GRANDS-PARENTS ?

Ces êtres merveilleux qui, après s'être coltiné des enfants atteints du syndrome Tanguy et qui n'ont donc quitté le foyer familial que tardivement, sont prêts à remettre le couvert avec encore plus de dévouement auprès de leurs petits-enfants.

Ces êtres disponibles, sur le pied de guerre dès 8 heures du matin pour s'occuper d'un enfant avec angine alors que papa et maman doivent aller travailler.

Ces êtres qui se portent volontaires pour emmener la progéniture de leur progéniture à la mer le temps d'un été.

Ces êtres qui te proposent de garder tes enfants à dormir pour que tu ailles te faire une soirée restau-concert avec ton mari.

Avec une dévotion totale, sans jamais râler, toujours avec le sourire et l'affection la plus totale…

Je suis émerveillée, admirative… Les mots me manquent !

Parfois, je le prends comme un dû… Je me mets alors une bonne claque (dans le sens figuré… quoique…) et je me dis que je ne dois jamais oublier de leur exprimer ma gratitude.

Maman,
papa,

MERCI !

23 mars

Chère Alice,

Je suis tombé sur ton journal intime en rangeant ma console. J'étais euphorique, je venais de remporter la finale de mon premier tournoi de Mario Tennis. Contre un enfant de 11 ans, certes, mais quand même.

Oui, j'avoue, j'ai feuilleté ton journal avant de me rendre compte de ce que je lisais.

Et j'espère que tu ne m'en voudras pas de m'incruster dans tes pensées, mais les quelques pages que j'ai lues m'ont donné envie de t'écrire.

Je voulais juste te dire que je t'aime, que notre couple est solide, qu'on a deux petites filles en bonne santé, magnifiques, drôles, intelligentes, gourmandes, sociables et inventives. On ne s'ennuie jamais. On fait au mieux et on les élève bien.

Tu as des projets plein la tête, et comme toujours tu vas les mener avec réussite, j'en suis certain (un truc qui me fascine).

Je sais que notre quotidien est sans cesse bousculé et qu'il est difficile de ne pas ressentir de la frustration, de la colère (parfois) ou du stress (souvent).

Sache seulement que je n'ai jamais voulu épouser une Wonder Woman sur qui me reposer, tu es juste la woman que j'ai envie de choyer.

Notre organisation a changé, notre vie sociale a changé, notre temps à deux a changé, nos habitudes ont changé, même notre alimentation a changé (il a fallu apprendre à engloutir des repas en deux fois moins de temps… mais bio) et nos petites joies ne sont plus les mêmes. Mais tant que nous les vivons ensemble, ces joies, alors tout va bien.

Je sais que je ne peux pas tout régler par des mots et que la vie est bien plus complexe qu'une simple tape dans le dos, mais je te le redis : tout va bien.

Par ailleurs, concernant le fait que tu ne sentes pas toujours « bien » dans ton corps, il faut que je te dise que, depuis que tu es maman, tu n'as jamais été aussi jolie et désirable à mes yeux (si tu ne crois pas ton mari, tu croiras peut-être Bradley Cooper, qui m'a appelé car il veut ton numéro).

On est une équipe, Alice.

Et tu peux compter sur moi.

Antoine

PS : ne donne pas ton numéro à Bradley Cooper s'il te plaît.

24 MARS

J'AVOUE TOUT !

Oui, j'ai laissé traîner mon journal bien en vue, de manière qu'Antoine ne puisse pas le louper (c'est-à-dire juste à côté de sa Switch #maligne).

Oui, je l'ai laissé ouvert pile poil sur une page qui le concernait… qui nous concernait. De toute façon, le connaissant, je savais qu'il ne ferait que parcourir furtivement quelques pages. Dès que cela touche un peu trop à l'intime, il a une petite tendance à se renfermer. Un peu comme quand on aborde nos « histoires de filles », comme il appelle ça.

Oui, je crois que, plus ou moins consciemment, j'ai voulu qu'il se glisse dans ma tête, dans ma peau pendant un instant. J'ai voulu lui fournir des éléments, des pistes pour comprendre. Pour ME comprendre.

Évidemment, il s'agit de sujets que l'on évoque dans notre quotidien et dont on sera amenés à reparler, mais ce n'est pas toujours évident de trouver les mots, le bon ton…

Et sa réaction, le fait qu'il réponde ici, sans se moquer de moi comme il sait si bien le faire pour éviter les conversations sérieuses, me réchauffe le cœur. Je me sens apaisée, je me sens allégée.

Je l'aime…

2 AVRIL

BACK TO BASICS

La magie des réseaux sociaux m'a fait tomber sur ce quote de Richard Gere : « C'est la vie, et aucun d'entre nous n'en sortira vivant. Donc, mangez des choses délicieuses, sortez au soleil, plongez dans les océans, dites la vérité que vous portez dans votre cœur, soyez fous, soyez bons, soyez bizarres. Il n'y a pas de temps pour autre chose. »

Cet homme, qui a offert une séance de shopping à une femme pour la séduire, semble clairement avoir tout compris de la vie !

10 AVRIL

SPEED « CHATING » : BALANCE TA CAPE

On avait fait courir la nouvelle de notre speed dating un peu comme l'annonce d'une vente privée de fringues. On avait tout misé sur le bouche-à-oreille et sur le fait que les filles se passent l'info. En plus, heureux hasard du calendrier, cela tombait pendant les vacances, donc nous étions toutes un peu plus disponibles. On avait aussi fait un peu de communication sur les réseaux sociaux avec un hashtag fort : #BalanceTaCape.

J'en avais profité pour inviter mes copines, tout en restant énigmatique sur l'événement. J'avais aussi proposé à Antoine de me rejoindre, qu'il voit de plus près ce qui m'animait ces derniers mois. Et puis, soyons clairs, il ne s'agissait pas d'un événement réservé aux femmes. Quiconque étant dans une démarche d'échange et de partage était le bienvenu.

Pour l'occasion, on était sympathiquement accueillies par un concept store tenu par une copine de Gaya qui avait adoré notre idée et tenait plus que tout à intégrer le groupe ! Pour le reste, c'était Charlie qui avait enclenché son super-réseau pour dégoter le matériel et de quoi grignoter. Elle nous avait épatées ! On était prêtes, fébriles comme lors d'un premier rendez-vous.

On a scruté les premières arrivantes et on les a dirigées vers le bar pour briser la glace au plus vite (c'était un conseil professionnel de Charlie, c'est en tout cas comme ça qu'elle procédait lors de ses mariages). Il y avait des femmes (majoritairement), de tout âge et tout style, seules ou accompagnées. Ça se remplissait aussi vite qu'un stand de poulet rôti un dimanche midi.

Chaque arrivante était briefée par Charlie : « Vous prenez un petit badge et vous écrivez votre prénom. Dans quinze minutes, on va lancer le speed dating. L'idée, c'est d'échanger

7 minutes avec chaque femme. Vous abordez les sujets qui vous tiennent à cœur, qui vous pèsent dans votre quotidien. C'est comme vous souhaitez ! Après, on lance un grand cocktail autour duquel vous pourrez retourner vers celles avec qui vous avez eu le plus d'affinités. L'idée, c'est vraiment de créer du lien. » Ce qui est drôle, c'est que Charlie était tellement dans son rôle d'organisatrice qu'elle annonçait cela sans une pointe de jovialité, mais ce n'était pas grave. Toutes les participantes étaient motivées.

J'ai alors pris sur moi pour dire quelques mots, présenter notre groupe, notre démarche, le tout sur fond de Rihanna pour mettre un peu l'ambiance. Les participantes étaient chauffées à blanc, ne restait plus qu'à lancer le speed dating, qu'on avait rebaptisé « speed chating ». Très solennellement, je lançai un : « À vos marques, prêtes, chatez ! »

Ça y est, on y était ! Je passais discrètement de table en table pour voir si l'alchimie prenait entre les participantes. Il fallut à peine quelques minutes pour que j'entende des fous rires, que je voie des yeux briller d'émotion. Les « Oh là là, tu me rassures ! », « Ah oui, toi aussi ? » et « Bah oui, on fait comme on peut, quoi » sortaient de part et d'autre. Mes poils se dressaient sur mes avant-bras. J'étais très émue. C'était ce dont j'avais toujours rêvé. Un beau et grand moment de spontanéité, de solidarité, d'échange... Je serrai fort les mâchoires pour ne pas laisser transparaître mon émotion, mais, quand je vis mes trois drôles de dames se diriger vers moi, j'ai su que j'étais foutue et que je n'allais pas pouvoir la contenir plus longtemps.

Delphine, aussi pudique que moi, me lança : « Bien joué ! Je crois que la mayonnaise prend bien. » Charlie, focalisée sur son job, rétorqua : « Oui, bon, on aurait pu mettre quelques pompons de-ci, de-là, mais c'est un bel événement qu'on a créé, les filles !

— J'ai fait un petite story, enchaîna Gaya. Elle a été relayée par un beau lot d'influenceuses, et les questions fusent : qu'est-ce que c'est que ce groupe ? Où s'inscrit-on ? »

Ça y est, je pleurais de joie !

À ce moment-là, j'étais complètement dans mon flow, cet état psychologique décrit à l'origine par le psychologue hongrois Mihály Csíkszentmihályi (36 points au Scrabble), dont j'avais entendu parler au fil de mes lectures mais que je n'avais, je crois, jamais vraiment expérimenté. Une concentration et un sentiment de clarté ultime, qui nous font oublier tout ce qui nous entoure, perdre complètement la notion de temps, tout en ayant conscience que quelque chose d'important est en train de se produire.

Eh bien, ça y est ! J'y étais ! Peut-être tout aussi excitée que lorsque Neil Amstrong avait posé le pied sur la lune. Je savais désormais où était ma place.

L'événement a alors suivi son cours ! Toutes les participantes venaient nous voir en nous remerciant pour cette initiative et en nous disant que ça faisait juste un bien fou de libérer la parole des femmes !

Il y avait Léa, cette mère de jumeaux complètement dépassée qui avait fait le plein de tips auprès d'autres mamans.

Il y avait Lucile, qui peinait à tomber enceinte depuis quelques années, mais qui était parvenue, m'avait-elle confié, à penser à autre chose pour la première fois depuis longtemps.

Il y avait Cécile, qui était victime de harcèlement au travail et qui s'était décidée ce soir-là à quitter son poste et à enclencher sa reconversion rêvée.

Il y avait Michèle, fraîchement divorcée, qui avait trouvé du soutien dans les mots réconfortants d'une « serial divorced et fière de l'être » (c'est ce qui était inscrit sur son tee-shirt) !

Il y avait Julie, en plein burn out maternel, qui avait oublié sa fille dans la voiture en arrivant, mais qui repartait le « cœur gonflé à bloc » parce qu'elle ne se sentait plus seule dans cette m*****.

Il y avait des petits groupes qui se créaient dans le groupe, soit par quartier, soit par affinités !

Mes copines Sophie, Julia et Charlotte étaient venues aussi, et elles m'ont posé mille questions sur cette aventure, le développement du réseau et la suite de tout ça.

Je vis aussi Antoine, qui était passé rapidement sur la fin de la soirée, me regarder en action de loin et sourire.

J'aurais voulu que cette soirée ne s'arrête jamais.

Je repensais évidemment à cette idée de créer une application d'échange et d'entraide entre femmes.

Mais pour l'instant je KIFFAIS !

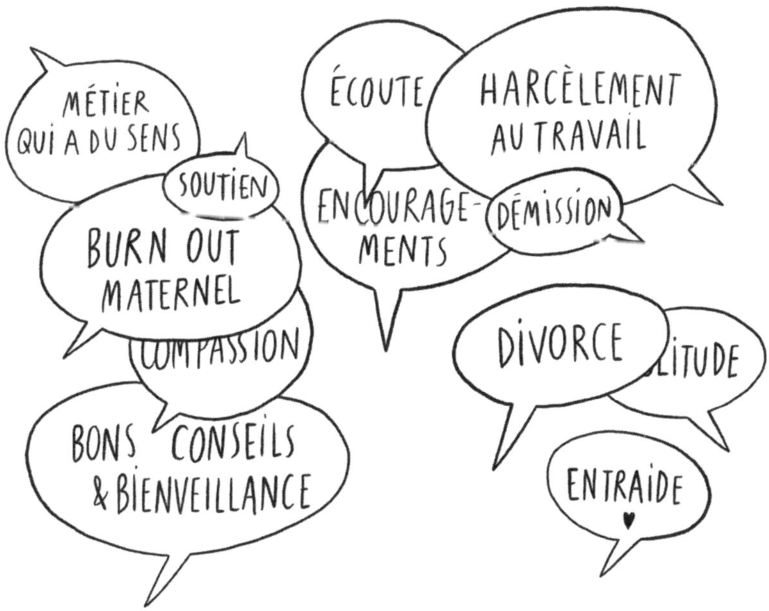

14 AVRIL

ALLÔ MAMAN BOBO

Dans cette période agitée, j'ai décidé d'organiser un déjeuner avec ma mère. Elle a toujours été de bon conseil, ne nous a jamais jugées dans nos choix, ni ma sœur ni moi. Pourtant, je pense qu'elle a bien un avis sur la manière dont on éduque nos enfants, ce qu'on priorise and co. On en a justement parlé lors de ce déjeuner, et c'était très intéressant. J'avais expliqué à maman les difficultés qu'on rencontrait avec Clémence, qui ne voulait jamais manger ses légumes. Avec affection et bienveillance, elle m'expliqua qu'à l'époque on ne nous posait juste pas la question, que les parents d'aujourd'hui avaient une petite tendance à « tâter le pouls » de leur enfant.

C'est là que je me suis aperçue qu'on mettait les filles au centre de tout, qu'on leur demandait systématiquement leur avis sur ce qu'elles voulaient faire, manger, porter, etc. Je ne dis pas que c'est mal, ni que c'est bien, je me demande juste si c'est vraiment leur rendre service. C'est en tout cas le message subtil qu'essayait de me passer ma mère entre ses tomates mozza et son steak tartare !

Je lui ai alors parlé de mes nouveaux projets, de mon réseau féminin, du fait que j'avais envie de le développer mais que c'était impossible de le faire à côté de mon job actuel. Elle me lança : « Bah ! quitte ton job et développe ton projet ! »

Ça avait l'air <u>si simple</u>, ainsi dit par elle.

Évidemment, je lui dressai dans la seconde la liste de tout ce qui rendait cela impossible : le manque de revenus, l'insécurité, le temps que j'allais devoir passer sur le projet pour le développer, ce qui voulait dire bosser le soir, quand les filles étaient couchées, et puis je lui avouai qu'à ce jour je n'avais pas vraiment de business model, ni même de réseau pour envisager une hypothétique levée de fonds (j'avais appris ça lors de la soirée des entrepreneurs).

J'avais perdu ma mère à « levée de fonds », mais ça ne l'empêcha pas de rétorquer : « Écoute, ma petite chérie [c'est comme ça qu'elle m'appelait quand je faisais une bêtise], tu n'es pas idiote ? »

Je ne savais pas à ce stade s'il s'agissait d'une question rhétorique ou d'une vraie question. Dans le doute, je décidai de lui répondre : « Euh, si ? #syndromedelimposteur

— Mais non, enfin ! Bon, si tu sens qu'il y a quelque chose à faire de ce projet, que tu peux le mener à bien, qu'avec Antoine vous êtes OK pour vous organiser le temps que tout ça se développe, je ne vois pas bien où est le problème. Si ça se trouve, c'est ta mission de vie, ma chérie ! »

J'étais très étonnée d'entendre des termes comme « mission de vie » dans la bouche de cette femme à l'esprit cartésien. J'essayai quand même de lui dépeindre le tableau le plus sombre possible et de jouer sur toutes les cordes sensibles afin de m'assurer qu'elle avait bien compris les tenants et les aboutissants de ce projet. Sachant parfaitement que ça allait la piquer au vif, je précisai : « Ça veut dire aussi pas de petit troisième tout de suite !

— Écoute, ma chérie si tu invoques encore une question matérielle, c'est bien simple, je te déshérite ! Si vous avez envie d'un autre enfant, je ne vois pas bien en quoi cela vous en empêchera. Décoince-toi, ma fille ! On n'a qu'une vie, merde ! »

Était-ce le kir ? L'âge de la sagesse ? C'est en tout cas une des rares fois où j'entendis ma mère jurer.

« Je crois que s'il y a bien une chose que j'ai essayé de vous inculquer c'est d'être courageuses non ? N'as-tu pas aussi envie de montrer à tes filles que tout est possible ? J'ai lu un article très intéressant sur le sujet. Il s'agit de cette femme, Reshma Saujani, fondatrice de l'association Girls Who Code, qui expliquait que si on apprenait à nos filles à valoriser leurs imperfections dès l'enfance on se mettrait moins de barrières et on serait prêtes à relever plus de défis. Sans nous focaliser sur l'échec. Tu savais que les hommes candidatent à un poste s'ils ont 60 % des qualifications alors que les femmes ne postulent que si elles ont 100 % de compétences ? Ne souhaites-tu pas montrer à tes filles que, malgré la peur, tu essayes de relever des défis ? »

Elle m'avait scotchée par son argumentation si bien ficelée. Sur un fond de tarte Tatin, elle acheva son propos : « Tout ça, c'est une question de choix et de priorités, ma petite chérie. Ne te laisse juste pas guider par tes peurs, c'est tout ! »

Et c'est en dégustant mon café (gourmand) que je pensais à ce que j'avais envie de transmettre à mes filles. Depuis qu'elles sont petites, je leur apprends par les mots que tout est possible. Il était aujourd'hui temps de passer à l'action, et tant pis si nous mangions des pâtes pendant un an. Après tout, cela restait notre plat familial préféré, et on connaissait toutes les déclinaisons possibles (en gratin, en salade, en diversifiant les sauces...).

16 AVRIL

GO GIRL

CESSEZ d'ATTENDRE LE MOMENT *parfait*

PRENEZ LE MOMENT QUE VOUS AVEZ

ET RENDEZ-LE *parfait*

RIHANNA

22 AVRIL

IL SUFFIRA D'UNE ÉTINCELLE...

Face aux nombreuses demandes qui avaient découlé du speed chating, on avait vite organisé une petite réunion ! C'était à Gaya de nous recevoir. Preuve du chemin parcouru, elle nous a reçues chez elle à la bonne franquette. Oui, oui. Alors certes, le « à la bonne franquette » de Gaya n'était pas celui de tout le monde, mais on sentait qu'elle ne s'était pas mis trop de pression. Elle nous accueillit en jean et baskets, et se félicita d'avoir expédié ses enfants et son mari au ciné !

Le seul hic, c'est qu'on n'était plus seulement quatre ou cinq. Plus d'une vingtaine de femmes avaient rejoint cette séance. Là encore, Gaya nous surprit en lançant : « Ça n'est pas grave, on va se serrer, on fera comme on peut, ce sera convivial ! »

J'avais décidé de faire intervenir une experte de ma connaissance. Il s'agissait d'Anne-Claire Meret, coach et naturopathe spécialisée en psychologie énergétique. Anne-Claire est pétillante, sa seule présence met de bonne humeur. Elle entra d'emblée dans le vif du sujet, sans détour !

« Comment font celles qui arrivent à gérer tous leurs projets de front et gardent le sourire ? Celles qui ne semblent pas s'épuiser à chaque fois qu'il y a un nouveau dossier à finir ? Elles veillent sur leur énergie comme si leur vie en dépendait ! Et elles le font *unapolegetically*. On n'a pas d'équivalent en français, et c'est bien dommage ! Ces femmes ne s'excusent pas de le faire. Est-ce que ça vous arrive de vous sentir parfois épuisées au point de faire n'importe quoi ? »

Un fou rire général nous a alors gagnées. Charlie lança : « Tu veux dire comme la fois où j'ai utilisé mon pass Navigo pour ouvrir la porte de mon appartement et qu'il m'a fallu dix bonnes minutes pour m'apercevoir que ça ne serait pas possible ?

— Moi, la semaine dernière, je suis allée déposer ma fille à la crèche… on était samedi ! enchaîna une nouvelle. »

Sentant qu'on avait assez de matière pour alimenter toute une nuit, voire deux, Anne-Claire a essayé de nous recadrer avec douceur : « Eh bien, pour éviter tout ça, les filles, il faut recharger vos batteries, et surtout éviter de les laisser se consumer trop rapidement. »

JE REMPLIS MON PUITS D'ÉNERGIE

J'apprends à dire non : impossible de dire oui à tout et à tous… Dire non quand on en a envie est une clé précieuse pour garder son énergie. Ça s'apprend, surtout si on veut le faire sans s'excuser ni se justifier (car ça aussi, ça prend de l'énergie).

Je fais de la place pour mon équilibre de vie : je ne négocie pas mes essentiels, que ce soit mon temps de sommeil, mon temps de balade dans la nature ou mon temps avec mon compagnon, avec mon bébé… Ainsi, j'évite d'alimenter des frustrations que j'utiliserai comme excuses plus tard. La vie est faite de petits et de grands choix tous les jours : qu'est-ce qui est vraiment important pour moi ?

Je trouve le silence à l'intérieur : peu importe l'agitation (professionnelle, familiale, environnementale) qui règne à l'extérieur… Je nourris le silence avec des pratiques d'observation de mes émotions et de mes sensations. C'est mon espace de tranquillité intérieure, et il est impossible de me l'enlever : lorsque je l'ai trouvé, il est toujours accessible.

Je choisis mes projets avec mon cœur et je développe ainsi mon intuition : plus je fais ce que j'aime, plus je laisse la vie agir à travers moi, sans forcer. L'énergie de vie ne demande qu'à se frayer un chemin et à laisser mes talents naturels grandir à mesure que je contribue au monde. M'obliger à rentrer dans un modèle convenu marche un temps… jusqu'au burn out en général, qui m'oblige à réévaluer la place que j'ai choisi d'occuper.

Anne-Claire acheva son intervention : « Si quelque chose vous anime, même si ça ne fait pas de sens avec votre projet de vie sur le papier, nourrissez-le, vous comprendrez plus tard. » À ce moment, j'ai eu l'impression qu'elle ne s'adressait qu'à moi ! C'était le dernier signe qu'il me fallait pour me mettre un coup de pied au popotin.

Malgré notre grand nombre, on a quand même tenté de maintenir notre rituel de *This Girl Is On Fire*, ce qui nous a évidemment valu un petit début d'incendie, et donc de voir débarquer une belle équipe de pompiers… et la séance s'acheva dans une atmosphère « enflammée ».

2 MAI

FÊTE DU TRAVAIL

Cette année, j'avais bel et bien décidé de célébrer mon travail en le quittant !

J'étais fin prête. Mon speech était rodé, mon argumentation, en béton. Je parle « d'argumentation » car, naturellement, je m'attendais à ce qu'ils me convainquent de rester malgré le plan de départs. Après tout, j'étais garante de la qualité de vie au travail de cette boîte. Ils ne pouvaient pas se séparer de moi comme ça !

C'est évidemment tout l'inverse qui s'est passé, tu t'en doutes.

Mon patron était tellement ravi de mon départ volontaire qu'il n'a même pas tenté de cacher sa joie. « Ah mais oui ! C'est super, ce projet ! C'est vrai que tu as toujours été beaucoup dans l'entraide et toutes ces conneries. » Sans commentaire.

Une fois le cadre technique de mon départ arrangé, mon futur ex-boss m'a lancé : « Au fait, elle est bien ta petite stagiaire ? Tu pourrais la briefer sur ton poste de happy office manager ?

— Euh oui, enfin... c'est peut-être mieux de confier ça à un collaborateur, quelqu'un qui connaisse l'historique de la boîte, nos valeurs, ai-je répondu, d'un ton un peu circonspect. Surtout en ce moment !

— Ah oui... Nan, mais t'as raison ! De toute façon, j'ai une bien meilleure idée... On va mettre un baby-foot à la cafétéria, ça fera le job ! »

Je crois me rappeler que ma réponse a été un rire nerveux ! Il n'avait clairement rien compris. J'ai quitté la pièce aussi légère qu'après une détox post-fêtes de Noël.

DANS LE DOUTE...

AVOIR CONFIANCE EN SOI, CE N'EST PAS ÊTRE SÛR DE SOI, C'EST TROUVER LA FORCE D'Y ALLER DANS LE DOUTE.

Charles Pépin, philosophe

15 MAI

POUR QUE TU M'AIMES ENCORE (#CÉLINE)

Avec Antoine, on est sur une belle lancée. Il faut dire que le soutien qu'il m'apporte quotidiennement pour mon nouveau projet m'a beaucoup touchée. Là où je pense que la plupart des mecs auraient flippé, il n'a fait que me motiver, m'encourager, me booster, et me répéter qu'il croyait en moi. Et ça, ce n'est pas rien. C'est clairement l'une des plus belles preuves d'amour qu'il m'ait apportées ces dernières années (avec les filles, naturellement !).

De toute façon, j'ai un indicateur infaillible pour évaluer ma cote du moment : les miniroulés de jambon cru au fromage de la salade italienne de Picard. Je m'explique.

Antoine sait que je raffole des mini-involtini de cette salade. Il sait très bien que, quand le saladier arrive sur la table, j'en ai déjà englouti discrètement une bonne moitié ! Il le sait, je le sais, mais personne n'en parle.

Au début de notre relation, il me donnait soigneusement tous ses petits roulés au fromage. Juste par amour et pour me voir heureuse (note à toi-même, le bonheur peut en effet tenir à un petit roulé au fromage frais...).

Depuis quelques années, les petits roulés se faisaient rares dans mon assiette ; je devais me battre, chaque involtino subtilisé nécessitant la mise en place de stratagèmes requérant beaucoup d'imagination (*Je crois que Clémence vient de crier "Papa chéri", tu vas voir ?*)

Depuis quelques semaines cependant, les miniroulés étaient de retour ! C'était un signe ! Antoine veillait plus que jamais à mon bien-être. Évidemment, il ne fallait rien lâcher, c'était des efforts du quotidien, des petits gestes, des petits mots, mais quel bonheur d'entretenir notre team spirit !

Cela rejaillissait naturellement sur notre vie de famille ! On passait de jolis moments à quatre, à profiter des petits plaisirs simples de la vie. Attention, je ne dis pas qu'il n'y avait pas de coup de jus, pas d'embrouilles pour des détails, mais je ne sais pas comment t'expliquer… tout semblait « aligné ».

24 MAI

7e RÉUNION DES WV ENGERS : ON S'EN FOUT, ON OSE TOUT !

J'avais décidé de convoquer les filles pour une réunion en petit comité ! Je devais leur annoncer officiellement la nouvelle. J'étais aussi stressée et excitée que lors d'un premier rendez-vous (la question du premier bisou en moins) tant j'attendais leur réaction.

On commençait à bien se connaître, alors, à peine arrivée, Charlie me lança avec son tact légendaire : « Bah alors, crache le morceau ! Qu'est-ce qui t'arrive ? T'es enceinte ? »

Un peu bousculée, la voix vacillante, je répondis : « Mais nan ! Rien de fou ! Je voulais juste vous annoncer que j'avais quitté mon boulot. »

Gaya, qui bossait avec moi, était déjà au courant. En bonne party girl, et se doutant que j'allais l'annoncer aux filles, elle était venue accompagnée d'une bouteille de champagne. Avant qu'elle ne l'ouvre, j'ai vite enchaîné : « Je trinquerai tout à l'heure avec plaisir, mais je voulais vous dire un truc avant. Si je l'ai fait, c'est aussi parce que j'avais en tête de développer notre réseau. J'ai rencontré une équipe d'entrepreneurs qui me disaient que ce serait top de lancer une application d'échanges entre les femmes. Tout ça est à préciser, c'est un peu le feu dans ma tête, mais voilà, j'ai envie d'aller au bout de ce projet et j'ai évidemment besoin de vous et de votre bénédiction. »

Je regardai Delphine, qui jusqu'ici n'avait pas dit grand-chose ! Tout d'un coup, elle se mit à fredonner :

On écrira nos rêves dans la lumière du jour
Demain je crierai plus fort

C'était les paroles de ma chanson fétiche du moment, *Plus fort*, de la douce Anne Sila ! Je savais que Delphine n'était pas très douée avec les mots et que c'était sa manière à elle de me montrer qu'elle était avec moi à 100 %.

En parallèle, Charlie a sauté sur le paperboard et a commencé à lancer un brainstorming : « Est-ce qu'on ne pourrait pas carrément imaginer un genre de Tinder où tu rencontres d'autres nanas de ta région avec qui tu veux échanger ? Et puis, elles peuvent même se rendre de petits services ! Y a vraiment plein de choses à imaginer… »

Leur enthousiasme me faisait chaud au cœur !

Delphine nous a alors proposé de nous réunir pour s'exercer au rituel qu'elle appelait « Je vais tout bouffer »… J'ai compris après coup qu'il ne s'agissait pas d'une dégustation, mais d'un exercice de visualisation positive !

En bref, on faisait un peu nos madame Irma en forçant le destin.

JE VAIS TOUT BOUFFER

Je me mets en condition : je m'installe dans un endroit calme, où je ne pourrais pas être dérangée (encore une fois, les toilettes restent mon petit temple puisque je peux verrouiller la porte).

Je m'exerce à visualiser des petites choses pour commencer : un carré de chocolat par exemple. J'en imagine le contour, la texture, je me laisse envahir par l'émotion qui surgit dès que je croque dedans (ou que je m'enfile la tablette).

Une fois « échauffée », je peux me projeter sur des choses plus complexes, comme mes projets, en déroulant le scénario (avec le maximum de détails), en imaginant des issues positives et, surtout, en tentant d'affronter les imprévus avec calme ! Je visualise, donc je vis mon succès.

Le fait de faire une « répétition générale » me permettra de mieux formuler mes objectifs le moment venu et de me mettre dans une posture de succès !

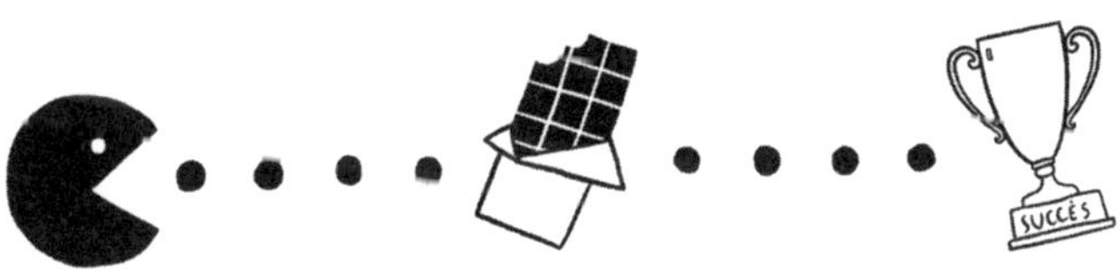

Tout à coup j'ai entendu sauter le bouchon du magnum de champagne ! Gaya affichait un large sourire.

On trinqua à nous, mais surtout à ELLES !

26 MAI

C'EST MA FÊTE !

8 h 30

Ce matin, quand j'ai ouvert les yeux, je ne m'attendais franchement pas à grand-chose, même si je savais que c'était la fête des Mères. Je savais que j'aurais un gros câlin des filles… comme presque chaque matin, à vrai dire (sauf quand elles sont mal lunées, et cela va généralement de pair… de jumelles !).

Pour moi, cette fête est avant tout commerciale. J'ai toujours appris aux filles qu'il n'y avait rien de mieux que les petites attentions du quotidien, je ne les ai donc jamais particulièrement sensibilisées à celle-ci.

12 heures

Bon, il est vrai que j'aurais bien apprécié de n'avoir pas à me mettre aux fourneaux puisque, après tout, c'était ma fête.

14 heures

J'avoue qu'à force de voir circuler les photos des cadeaux des autres mamans sur les réseaux sociaux, de voir combien elles étaient choyées, je commençais un peu à m'énerver…

15 h 30

Texto des WVengers et échange de photos d'un poème en prose du fils de Delphine. Gaya quant à elle s'était vu offrir une journée off dans un spa. Ça y est, j'étais officiellement très remontée ! Antoine aurait quand même pu leur faire préparer une petite attention. C'est fou ! On donne tout au quotidien, et voilà comment on est remerciée !

16 heures

Antoine, familier de ma moue boudeuse et ayant deviné la cause de mon désarroi, m'invita à patienter encore un peu.

17 heures

Les filles ont déboulé dans le salon avec des ballons et une petite pochette customisée avec des cœurs dans laquelle était glissé un sublime collier en pâte à sel aux couleurs vives.

Laure s'est exclamée : « C'est comme le collier Bucheron que tu voulais, maman ! » Comme je regardai Antoine avec un air interrogatif, il me fit un clin d'œil et me glissa dans l'oreille : « Je crois qu'elle veut dire Boucheron… »

Ensuite, ma délicieuse famille avait réservé un cours de cuisine à faire tous les quatre. Avant de partir, Laure et Clémence m'ont « customisée » d'une couronne de fleurs et d'un badge « meilleure maman de l'univers ».

Je les serrai fort dans mes bras, en leur disant « que c'était le plus beau de mes bijoux, qu'il ne fallait pas, que vraiment je ne m'attendais à rien… vraiment… » Moi, mon collier et mon badge, on a alors bombardé la Toile de clichés à coups de hashtags #proudmum #mothersday #fêtedesmères #joie

Je note ici la recette de mousse choco-banane que la douce cheffe Chloé qui animait l'atelier nous a appris à faire, et qu'on pourra refaire lors de nos dimanches hygge.

LA PETITE DOUCEUR CHOCO-BANANE

Ingrédients pour 6 personnes

180 g de chocolat noir extra • 6 petites bananes • 3 c. à s. de purée d'amandes • Le zeste d'un citron jaune

Ustensiles

1 mixeur • 1 planche à découper • 1 couteau d'office • 1 casserole • 1 bain-marie • 1 râpe

Préparation : 10 minutes seulement

(parce qu'on sait que chaque minute compte ☺)

Je fais fondre le chocolat noir au bain-marie.

Pendant ce temps, je mixe les bananes avec la purée d'amandes.

J'incorpore le chocolat fondu et j'ajoute le zeste de citron râpé. Je dois obtenir un appareil lisse et homogène.

Je répartis la préparation au chocolat dans des ramequins ou des pots à yaourt en verre recyclé.

Je réserve au réfrigérateur au moins 1 heure.

Et on déguste en famille sans modération !

15 JUIN

DERNIÈRE LIGNE (PAS SI) DROITE (QUE ÇA) !

Cette parenthèse enchantée m'avait permis de recharger les batteries pour affronter ce qui promettait d'être LE GRAND TEST de fin d'année, à savoir le mois de juin, la période où tu jongles entre les spectacles, la kermesse, la compétition de judo, les anniversaires des copains juillettistes et aoûtiens, la réinscription des filles aux activités pour la rentrée, la planification des vacances (oui, je suis du genre last minute) et j'en passe…

C'était le test ultime ! Pire que le bac, je crois. Le planning était très serré, il ne fallait pas céder à la panique. Heureusement, je savais que je n'étais pas seule ! Que ce soit Charlie, avec sa saison des mariages, ou Delphine, Gaya et moi, avec nos contraintes scolaires, nous étions toutes sous pression. Ainsi, on essayait de se motiver, de se soutenir et de s'échanger quelques tips via nos conversations WhatsApp…

Delphine : « Surtout, les filles, n'oubliez pas ! Évitez à tout prix de croiser la directrice de l'école ! Sinon, elle va vous désigner d'office pour animer un stand de kermesse. »

Gaya, je veux dire « sainte Gaya », nous proposa de faire les gâteaux, car elle avait l'habitude « de les faire à la chaîne », comme elle nous l'avait dit. #gratitude

Charlie, quant à elle, avait partagé l'une de ses méthodes pour se motiver, comme elle le disait, et tenir bon dans ce qui était pour elle la période la plus dense de l'année. Il était question de célébrer ses petites victoires du quotidien.

BEYONCÉ WAS RIGHT, WE DO RUN THE WORLD

Je réalise un « tableau de succès » pour noter mes victoires et mes coups de génie du mois, tout ce dont on peut être fière : respect d'un planning millimétré ; cirage de pompes en beauté (de la belle-mère, dans le cas de Charlie ; d'une maîtresse d'école, pour les mums)... Tout pouvait être matière à autocongratulation.

À la fin du mois, je me prévois une petite attention pour me féliciter d'avoir survécu, sous forme de « boîte à briser ». L'idée : préparer une petite boîte avec des choses qui nous font plaisir (petites douceurs, mignonnettes d'alcool, petite bouteille de monoï pour me rappeler que les vacances ne sont pas loin...) et, à la fin du mois, on fait sauter la boîte et on se fait plaisir !

Elle nous proposa du coup de faire un tableau collaboratif pour le crew. Chacune aurait sa petite colonne, et on pourrait même ajouter des commentaires et réagir sur les succès des autres ! On faisait ainsi le plein de good vibes pour le mois !

17 JUIN

ON FAIT LE BILAN !

J'ai décidé de croquer une petite charte pour rappeler aux WVengers le TOP de nos enseignements et ainsi ne pas succomber au syndrome de la Wonder Woman avant le break estival. J'ai préparé pour chacune un petit colis, kit de survie avec la charte imprimée et des clins d'œil (des barres vitaminées ; un déo fait maison pour Delphine…).

CHARTE « GIRLS CAN »

Je désencombre mon quotidien = j'évite le multitasking et je ne mélange pas ma sphère de vie personnelle et ma sphère professionnelle.

Je choisis mes batailles = je me fixe des objectifs que je peux atteindre !

Je suis plus indulgente avec moi-même = personne ne me demande d'être partout sur tous les fronts, si ce n'est moi !

Je planifie mes tâches = parce que prioriser, c'est la clé !

Je fais la peau au train-train = une sortie culturelle en famille ; un dimanche en pyjama ; un dîner concert en amoureux... Je réenchante mon quotidien.

J'essaye de déléguer des tâches à mon entourage (mon compagnon, mes enfants, mon chat...) = même si ce n'est pas fait à ma façon, ce n'est pas grave.

Je mise sur la solidarité, parce que « ça nous arrive à toutes » = comprendre que l'on vit toutes les mêmes choses me permet de les affronter plus facilement.

Je me libère de mes fucking injonctions = parce que, au final, « il faut que... rien du tout ». Je laisse plus la place à mes envies.

Je trouve mon terrain défouloir = karaoké, lancer de hache... Je prends du temps pour moi. Pour respirer.

Je nourris ma vie de projets et d'objectifs qui ont du sens = des projets réalisables qui me donnent de l'énergie pour avancer au quotidien.

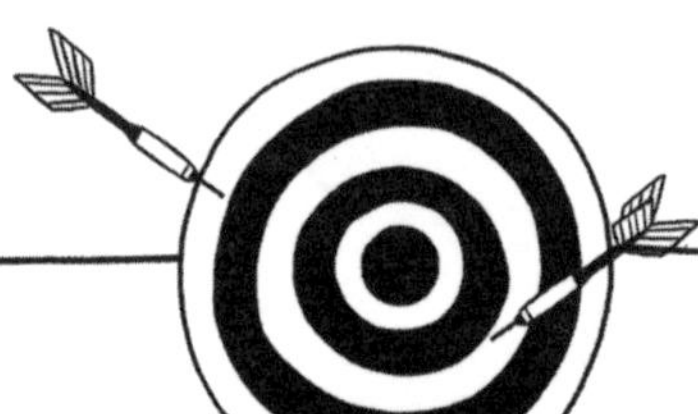

À force de coups de pouce, d'organisation et de lâcher-prise, on allait sortir vivantes de ce FUCKING mois de juin !

25 JUIN

TEAM MICHELLE

Apparemment, les filles du groupe ont appris que mon anniversaire était le 8 juin. J'avoue qu'avec la folie de cette fin d'année, toutes les choses que j'avais en tête, l'événement était un peu passé à la trappe. Mais c'était sans compter mon super crew, qui m'avait prévu une sacrée surprise !

Elles m'avaient invitée à booker ma soirée du 25 juin sans en dire plus. On devait se rejoindre à 19 h 30 sur le quai de la ligne 6 à la station Nation. J'ai vite compris que nous nous rapprochions d'une salle de concert parisienne, mais je ne savais pas ce que nous allions voir ! Les filles, qui gardaient le secret depuis un bout de temps, ont alors lâché : « On va voir Michelle ! ». Je n'en croyais pas mes oreilles.

Je lançais alors : « Ah ! mais je ne savais pas qu'il se produisait à Bercy ! » Interloquées par le « il », elles m'ont demandé ce que j'avais compris. « Bah… on va voir Michal, l'ancien candidat de la Star Academy, vous venez de le dire ! »

Elles ont alors explosé de rire… et m'ont expliqué qu'il ne s'agissait pas de Michal, mais de Michelle… Obama.

Je crois que mes mots ont alors été ceux-ci : « Nan, mais vous vous foutez de ma gueule ! Ne jouez pas avec mes émotions, hein ? » Elles le savaient, j'étais une immense fan de Michelle Obama.

En larmes, j'ai alors bégayé : « J'avais essayé d'avoir des places, mais c'était complet dans l'heure qui a suivi la mise en ligne des billets. Comment avez-vous fait ? » Fière de son coup, Gaya m'expliqua qu'il suffisait de connaître les bonnes personnes. Plus tard, j'ai appris que c'était via le comité d'entreprise de son mari…

L'excitation nous a très vite gagnées. On était aussi impatientes que si on allait assister à un concert de Beyoncé.

La simple idée qu'on allait partager le même oxygène que l'ancienne First Lady nous rendait hystériques. On allait avoir l'opportunité de profiter des tips de la grande Dame et d'en savoir un peu plus sur son expérience.

Les lumières se sont éteintes, et Michelle a fait son apparition, dans une tenue étincelante, pour échanger en toute intimité : nous... Michelle... et 20 000 personnes. On s'est retrouvées en immersion totale avec des femmes de tous horizons et de tout âge. On était assises à côté d'un groupe d'Américaines qui ponctuaient chacune des paroles de Michelle à coups de « yeaahhhh », « you go girl », « so true ». C'était magique !

Michelle nous a alors rappelé l'essentiel... ce qu'on a trop souvent tendance à oublier : « Vous pouvez être ce que vous voulez (une mère, une travailleuse acharnée, une femme qui travaille à temps partiel), le tout étant d'assumer sans culpabiliser. » La seule chose importante est de croire en soi, d'avoir conscience que tout est possible, et elle nous a d'ailleurs expliqué que c'était sa famille qui lui avait inculqué cela. Si elle en était là aujourd'hui, c'était grâce à ses parents, qui avaient toujours « écouté sa voix ». Elle s'est sentie considérée et importante, et ce à tout âge.

Le message de Michelle, c'était aussi de nous inviter à « raconter notre histoire et surtout ne pas laisser les autres la raconter à notre place », raconter ce qu'on traverse dans notre vie de femme, nos difficultés, nos victoires. Il fallait les partager avec le plus grand nombre. Ah, et petit détail qui a son importance, même Michelle ressent parfois l'envie de passer son mec par la fenêtre ! #çanousarriveàtoutes

Voilà, Michelle était parvenue à faire ce qu'on attendait d'elle : nous inspirer, nous donner envie d'oser. Elle nous avait rappelé simplement qu'on avait les cartes en main et que c'était à nous d'en faire ce qu'on voulait ! #teamMichelle

#IAMBECOMING
« Vous pouvez être ce que vous voulez. Croyez en vous ! »
« Ne laissez personne parler pour vous, et ne comptez pas sur les autres pour se battre pour vous. »
« Nous sommes légitimes ! »
« En tant que femmes, nous devons nous soutenir les unes les autres. »

4 JUILLET

À TOUTES CELLES QUI...

Et voilà, cher journal, c'est avec émotion que je t'écris aujourd'hui. Même si je suis un peu fébrile face à cette nouvelle aventure qui s'offre à moi, ma petite voix, celle qui m'a toujours guidée, me dit que j'ai fait le bon choix. Je me sens apaisée, alignée. Pourtant, je me lance dans l'inconnu, moi qui adore emprunter les chemins balisés. J'ose enfin, comme je l'ai toujours revendiqué, parce que je sens qu'un message est à porter et à délivrer à toutes les femmes « normales » et fières de l'être.

À celles qui courent après leur vie, cherchant désespérément le bouton pause.
À celles qui doutent un matin au réveil et qui se sentent comme Michelle Obama le jour d'après !
À celles qui sont épuisées mais qui, dans le fond, n'ont envie de rien lâcher, parce qu'après tout elles le savent : elles n'ont qu'une vie !
À celles qui aimeraient bien perdre ces 3 fucking kilos de grossesse mais qui ne vont pas pour autant rogner sur leur apéro (ah ça non !).
À celles qui donnent tout sans rien attendre en retour, MAIS qui, avouons-le, ne seraient pas contre un peu de reconnaissance une fois de temps en temps (message subliminal...).
À celles qui attendent avec impatience l'heure du coucher de leurs enfants... pour regarder des photos d'eux.
À celles qui déplacent des montagnes mais qui ne rêvent souvent que d'une séance farniente entre copines, un verre de vin à la main.
À celles qui vont se cacher aux toilettes pour s'offrir un break mérité sur Instagram un jour de grande tempête familiale.

À celles dont la VOD a tué la vie sexuelle, mais qui arrêtent demain, promis !
À celles qui ont tendance à oublier à quel point elles sont géniales… comme elles sont !
À celles qui choisissent de ne pas se dépasser ni de se surpasser chaque jour, mais qui assument leurs choix et sont bien dans leurs baskets.
À celles qui lâchent un « putain » devant leur enfant de 4 ans et vont s'éviter une séance d'auto-flagellation parce qu'après tout ça arrive !
À ces grandes filles qui vont toujours chercher un peu de réconfort auprès de leur mère.
À celles qui essayent juste d'être chaque jour un peu plus bienveillantes avec elles-mêmes (même si ce n'est pas facile).
À celles qui gardent le sourire dans un quotidien parsemé d'embûches mais qui peuvent aussi bien aller chialer un grand un coup quand ça ne va pas ! Et qu'est-ce que ça fait du bien !
À celles qui auront compris que solidarité rime avec liberté.
À celles qui n'ont pas vocation à prendre le job de Wonder Woman, parce qu'elle le fait très bien, mais de faire comme elles peuvent, et ça c'est déjà énorme !

À nous, les femmes du quotidien, les femmes tout-terrain, les femmes normales !

#WEAREWOMEN

#WEARE

WOMEN
GO, GIRL!

INSPIRATIONS

MES LECTURES QUI ME VEULENT DU BIEN

L'Apprentissage du bonheur ; principes, préceptes et rituels pour être heureux, Tal Ben-Shahar, Belfond, 2008.

The Secrets of Happy Families, Bruce Feiler, Piatkus, 2013.

Petit Traité de l'abandon ; pensées pour accueillir, Alexandre Jollien, Points, 2015.

La Magie du rangement, Marie Kondo, First Éditions, 2015.

La Naturopathie pour les nuls, Anne-Claire Meret, First Éditions, 2016.

Montrez-leur qui vous êtes, Amy Cuddy, Marabout, 2016.

Les Quatre Accords toltèques : la voie de la liberté personnelle, Don Michel Ruiz, Jouvence, 2016.

L'Année du oui, Shonda Rhimes, Marabout, 2017.

2 H chrono pour déconnecter (et se retrouver), Fabienne Broucaret et Virginie Boutin, Dunod, 2018.

Sisu, l'art finlandais du courage, Joanna Nylund, éditions de l'Homme, 2018.

Devenir, Michelle Obama, Fayard, 2018.

Psychologie Positive, hors-série « Spécial bien-être au travail », 2018.

Psychologie Positive, mai-juin 2019.

LES TALKS QUI ME DONNENT ENVIE DE TOUT OSER

« Apprenez aux filles à être courageuses, et pas à être parfaites », de **Reshma Saujani**, fondatrice de l'association Girls Who Code : https://www.ted.com/talks/reshma_saujani_teach_girls_bravery_not_perfection?language=fr

« Regarder plus loin que les limites », de **Caroline Casey** : https://www.ted.com/talks/caroline_casey_looking_past_limits?language=fr

« Votre langage corporel forge qui vous êtes », **d'Amy Cuddy,** enseignante à Harvard : https://www.ted.com/talks/amy_cuddy_your_body_language_shapes_who_you_are/transcript#t-1168941

« Sisu - transforming barriers into frontiers », de la chercheuse **Emilia Lahti** : https://www.youtube.com/watch?v=UTIizGyf5kU

« Comment faire du stress votre ami », de **Kelly McGonigal,** psychologue : https://www.ted.com/talks/kelly_mcgonigal_how_to_make_stress_your_friend?language=fr

« Flow, le secret du bonheur », du psychologue hongrois **Mihaly Csikszentmihalyi** : https://www.ted.com/talks/mihaly_csikszentmihalyi_on_flow?language=fr

LES FILMS QUI DONNENT LA PÊCHE (ET CELUI QUI DONNE ENVIE DE VIDER SON ARMOIRE)

Bad Moms, de Jon Lucas et Scott Moore, 2016.

I Feel Pretty, d'Abby Kohn et de Marc Silverstein, 2018.

Bridesmaids, de Paul Feig, 2011.

Minimalism, A Documentary About the Important Things, de Matt D'Avela, 2016.

MES RENDEZ-VOUS <3 DU WEB

Les réguliers

Pour faire le plein de good vibes et de bons conseils : **la Fabrique à bonheurs,** https://www.lafabriqueabonheurs.com

Pour être bien dans mon job : **My Happy Job,** https://www.myhappyjob.fr

Pour mettre du soleil dans mon assiette : les recettes du blog **Chloé Cuisine en Vert,** http://www.chloecuisine.com/blog/

Pour être bien avec moi : **Psychologies.com,** https://www.psychologies.com

Pour me donner quelques clés côté business :

Harvard Business Review, https://www.hbrfrance.fr/

https://www.hbrfrance.fr/chroniques-experts/2017/02/14526-lauto-compassion-etait-marque-distinctive-grands-dirigeants/

https://www.hbrfrance.fr/magazine/2014/07/2678-ameliorez-votre-temps-de-resilience-en-perdant-votre-temps/

Les petites trouvailles

Pour en savoir plus sur moi : www.viacharacter.org

Pour me faire prendre un peu de recul (et que je regarde en cas de coup de mou) : la vidéo de la marque de cosmétique anglaise **Sanctuary Spa**, découverte sur creapills, https://creapills.com/video-emotion-femmes-vie-20171022

Pour en savoir plus sur mon corps :

https://mona.mylittleparis.com/gina/votre-corps-et-vous

Et tous les quotes « anonymes » du Web qui nous inspirent au quotidien, et dont on n'a jamais réussi à retrouver les auteurs, même après avoir mis la capitaine Marleau sur le coup !

GREAT
IDEAS
COME FROM
SITTING ON A
toilet
L'APPRENTISSAGE DU BONHEUR
SISU L'ART FINLANDAIS DU COURAGE
L'ANNEE DU OUI
LES 4 ACCORDS TOLTÈQUES
la magie du rangement
PSYCHOLOGIES
HORS SÉRIE
Bien dans ma Vie

REMERCIEMENTS

À celles aux côtés de qui on rêve, on crée, on rit, on remanie, on partage (presque tout !). Et qu'on remercie surtout d'avoir croisé notre route :
Suyapa, Lama et Marion #teamdecoeur

À celle qui donne vie à nos pensées avec le plus grand des talents, notre triplette : **Léna <3**

À ceux qui nous donnent « l'envie d'avoir envie » :
nos amours, George, Gabriel, Honoré, Suzanne

À ceux qu'on essaye toujours d'éblouir malgré les couches et les doses de Doliprane, et qui nous offrent un quotidien plein d'humour et d'amour :
Csaba et JE

À ceux qui nous ont permis de croire que tout est possible (et ils avaient raison) : **France et JM**

À celle qui veille sous nous et qui reste dans nos cœurs : **Nany**

À toutes celles avec qui on avance au quotidien, qui nous inspirent, qui nous font rire et avec qui on aime refaire le monde devant un verre (d'eau, naturellement) ou deux :

Charlie, Fanchon, Zaza, Fabou, Émilie, Ninouze, Ségo, Laurence, Rouf, Lise, Amélie, Alexia, Jen, Jeanne, Raph, Priscille, Karine, Al, Hélène, Chloé, les Beyoncé de la Pédagogie positive (Audrey, Isa, Carole), les JK Rowling de la psychologie (Élyane et Margaux),
nos belles-sœurs et belles-belles-cousines...
et à toutes celles et tous ceux dont nous avons croisé le chemin ou que nous allons rencontrer pour écrire de belles aventures.

À celles et ceux qui veillent sur ce que l'on a de plus précieux, toujours dans la bonne humeur :
nos fées (et c'est peu dire !) à la crèche et à l'école, et notre pédiatre, joignable H24 pour un rhume ou une varicelle.

À ceux qui nous accueillent toujours avec le sourire (et un café crème) pour nos brainstormings endiablés : **Caroline et Jean-Marc, du château des Vignerons, et leur formidable équipe.**

♥

ANNE-SOPHIE & FANNY

Un MILLIARD de mercis à mes deux Holi Girls préférées, **Anne-Sophie & Fanny,** pour leur invitation à partager cette aventure sur papier, pour l'enthousiasme et la confiance énormes dont elles font preuve, et pour la richesse et la variété des superlatifs qu'elles utilisent.
À **Alice,** qui m'a fait tant rire tout au long de la mise en pages et de l'illustration du livre, et à tous ses tips, qui m'aident à alléger mon quotidien.

Merci à **Lama,** pour sa gentillesse, son enthousiasme, et la grande liberté qu'elle m'a offerte.

Merci à **Suyapa et à Marion** de m'avoir confié ce projet et de m'y avoir donné une si belle place.

Merci à **mes parents chéris,** pour les crayons qu'ils m'ont mis entre les mains quand je leur disais que je m'ennuyais, et d'avoir encadré mes ~~croûtes~~ ŒUVRES DE JEUNESSE à la maison, me donnant une confiance (presque) aveugle en la qualité de mon travail. Plus sérieusement, merci de m'avoir dit que je pouvais (devais?) faire de ma passion mon métier, et de m'avoir aidée à y arriver.

Merci à **Françoise,** pour son œil discret mais attentif à mon travail, et pour toutes les après-midi de couture/collage/travaux manuels en tout genre durant lesquelles elle m'a transmis son plaisir de créer.

Merci aux **copines,** pour la folie, les rires, la chouette vision de la vie qu'on partage et que j'essaye de retranscrire dans mes dessins.

Merci à **mon amoureux,** dont la fierté me regonfle le cœur quand il est un peu raplapla.

LÉNA

JE FAIS COMME
JE PEUX !!!

Direction : Jean-Louis Hocq
Direction éditoriale : Marion Guillemet-Bigeard
Édition : Lama Younès-Corm
Correction : Chloé Chauveau
Graphisme de la couverture : David Cosson (Dazibao)
Conception graphique, mise en pages et illustrations : Léna Piroux
Fabrication : Laurence Duboscq

ISBN : 978-2-263-16013-4
Code éditeur : S16013P
Dépôt légal : septembre 2019

Solar éditions

solar_editions

Solar, un département d'Edi8